香港・上海 滙豐故事

王澎世 著

商務印書館

香港・上海・滙豐故事

作　　者：王淲世

責任編輯：符俊傑

出　　版：商務印書館 (香港) 有限公司

　　　　　香港筲箕灣耀興道 3 號東滙廣場 8 樓

　　　　　http://www.commercialpress.com.hk

發　　行：香港聯合書刊物流有限公司

　　　　　香港新界大埔汀麗路 36 號中華商務印刷大廈 3 字樓

印　　刷：陽光印刷製本廠有限公司

　　　　　香港柴灣安業街 3 號新藝工業大廈 (6字) 樓G及H座

版　　次：2011 年 6 月第 1 版第 3 次印刷

　　　　　© 商務印書館 (香港) 有限公司

　　　　　ISBN 978 962 07 6448 6

　　　　　Printed in Hong Kong

目　錄

序

　　跟王澎世先生已經是多年的老同事。早在 70 年代我們就認識。當年我們在滙豐算是年輕一代，剛三十出頭。轉眼就過了三十多年，今王澎世先生要我為他的新書寫序，自是欣然答應。

　　記得不久前他送我的一本書叫做《北上管理的藝術》，細說香港人在國內工作應該關注哪些事情，王澎世先生娓娓道來，看起來不但有趣味，而且很有啟發性。聽說賣得不錯，替他高興。沒想到，不久他又寫完一本，而且這一本書覆蓋近四十年，真要佩服他的創作能力和寫作的速度。

　　王澎世先生初期在滙豐的工作，跟其他的同事稍有不同，不在前線做業務，反而經常搞項目，東奔西跑。看他毫無怨言，給他甚麼項目，都樂意接受。難怪他在銀行接觸面很廣泛，見識也多。而且，外派三次，所羅門島培訓、加拿大溫哥華做私人銀行，後來在美國洛杉磯推廣亞洲業務，外派之多，可能是一項紀錄。

　　滙豐在 90 年代中，已有意發展內地業務。王澎世先生廣泛的銀行經驗，擔負大旗自然不過。從此王澎世先生就成為在大陸的香港人，落戶上海。有事回香港，他地道的普通話，讓他變為在香港的大陸人。可以說有雙重身份，他口中說的雙城故事，肯定會很有意思。

王澎世先生跟我一樣，在滙豐工作了差不多一輩子。在他身上可以感染滙豐企業文化的氣息，忠誠、節儉、樸實、堅韌、嚴謹。就隨便說幾樣，便足夠讓讀者知道他是怎樣一個人。書中第一篇講到滙豐當年坐凳子的往事，勾起不少做"專員"時代各種有趣味的回憶。還有股市狂熱的時候，大家講究魚翅撈飯；在股市泡沫爆破之後，大家低調做人，休養生息重整山河。王澎世先生在書中既寫實，又勵志，把那一代的香港人在經濟低迷的時候，流露出樂觀、振奮的"香港精神"，很好地呈現給讀者。

王澎世先生這一代銀行家，有幸目睹，甚至促成香港銀行業的快速發展。從 80 年代開始，本地廠商實力猛增，王澎世先生與不少香港的商家共同走過一段輝煌的日子，也道出了滙豐"與客戶一起成長"的經營理念。他在書中也提到"香港好，滙豐好，大家都好"這種緊密關係。在經濟、政治開始變化的時刻，書中提到滙豐堅定不移，為香港的安定做貢獻，這是千真萬確的事。

除了香港，滙豐同時展開國際化的路程。王澎世先生有幸兩次外派，一方面是他的視野不局限在一個地方，另一方面是需要有條件的人"走出去"宣揚滙豐精神。在加拿大、美國的經歷，他在書中有細膩的描寫，值得一讀。

除了"走出去"之外，王澎世先生在中國業務也可以說是"走過來"。從 1994 年開始，他就在中國跑業務，跑關係，為滙豐日後發展奠定扎實的基礎。他經歷的故事很多，寫出來的不過是一小部分。這些故事經他一寫活現眼前，其中不少情節歷歷在目，看的時候讓人回味。王澎世先生的普通話一點不普通，尤其上台講話時，跟本地人一樣地道，完全不像香港人。看書中用字，便知他對普通話已經融會貫通，遠超一般香港的同事。也因為如此，他才能深入了解情況，把所見所聞放進書裏。

王澎世先生是上海人，在香港多年，文字中流露出他那種是香港人，也是上海人的心情。由他來講“雙城故事”，恰當不過。同時，我能理解王澎世先生藉他在滙豐的故事，講出香港及上海過去十多年的發展，是一本歷史書。對這段歷史，相信不少讀者會有共鳴。

王澎世先生短短幾個月，似乎成功從銀行家轉型為作家。好書值得推薦，以此為序。

滙豐控股有限公司董事
滙豐銀行（中國）有限公司董事長
滙豐台灣地區主席

鄭海泉

前　言

　　這本書跟我先前的《北上管理的藝術》幾乎同時寫完。要先出版哪一本，煞費思量。最後還是先發行《北上》一書，因為它的內容有緊迫性，對於希望盡快北上發展的讀者能有啟發作用。而這一本書，講的是滙豐銀行過去四十年的發展歷史，緬懷過去，展望將來，沒有時間壓力。

　　雖然是講滙豐的歷史，有兩點值得注意：第一，是從我個人的角度來看滙豐的發展，從1973年我進滙豐銀行開始講起，一直到今天。其中有不少我個人的小故事，從故事中帶出我所了解的滙豐銀行的發展歷程，而不像一般歷史書，列舉每一年、每一件大事。第二，滙豐銀行的發展，脫離不了香港的發展，等於說香港好，滙豐好，我個人也好。就像是一齣舞台劇，香港是大背景，滙豐是主角，站在大背景前面演繹歷史。而我只是"寫劇本"，用我的小故事帶引讀者回顧當年的滙豐。

　　我在滙豐前後三十多年，換過二十幾個崗位。擔任中國業務總裁多年之後，外派美國西岸出任總裁，立意退下火線，隨後離開滙豐。不久，獲邀擔任中國民生銀行行長，為香港第一人出掌國內商業銀行，但我仍舊細意觀察滙豐動向。始終跟滙豐有三十多年的感情，一時無法磨滅。如今距當初進滙豐接近四十年，把記得的故事寫下來，讓讀者從不同的故事中歸納它的發展軌跡，建立對滙豐較完整的感覺。

滙豐銀行是一個簡稱，全名叫做"香港上海滙豐銀行"。1865 年 3 月 3 日在香港開業，雖然這是第一家滙豐銀行，但當時還是稱為分行。一個月以後在上海開業，也稱做分行，不過是獨立管理的；直到 1868 年，香港設立總經理，上海不再獨立管理。同年，滙豐在倫敦、三藩市開設辦事處。1866 年，滙豐在日本橫濱開設分行，同時在中國內地福州、漢口等地開設辦事處，其後轉為分行。1869 年，再度擴充，先後在日本、印度開設分行，1870 年到越南、1875 年到菲律賓開設分行。撫今追昔，滙豐銀行一連串的拓展，都是由香港、上海開始，原來滙豐這一齣"雙城記"遠在 1865 年已經上演，相信不少讀者都不知道。

有讀者可能會以為滙豐在 1949 年的時候已經撤離中國，其實沒有，滙豐是少數一直在內地經營的外資銀行，從未間斷。1954 年搬離在外灘的大樓，在圓明園路繼續營業，詳細情況在書中有更多的交待。2000 年我擔任中國業務總裁期間，滙豐中國業務的管理功能搬回上海，距離 1868 年把中國業務的管理功能自上海撤走，前後一百三十二年，這一變化深具歷史意義。

為了收購英國米特蘭銀行，需要滿足監管單位的要求，滙豐控股 1990 年在英國成立。同時，因為滙豐多年來的收購與兼併，已經成為國際化銀行，也就順理成章需要把附屬公司收納在控股公司的名下，而滙豐控股則在香港及倫敦同時上市。香港上海滙豐銀行成為滙豐控股旗下的一家全資附屬公司，不過，香港上海滙豐銀行仍維持在香港註冊。自此之後，香港上海滙豐銀行的股東轉為持有滙豐控股的股票。香港上海滙豐銀行有獨立的董事會及董事長，滙豐控股在倫敦也有自己的董事會及董事長，由於在"滙豐"名下有兩位董事長，經常讓外人不得其解，其實這是兩家不同的公司，各自有其獨立的董事會及董事長。

有不少人認為滙豐銀行這是變相遷冊，其實不完全正確。滙豐成立控股公司之後，滙豐銀行的總部依舊在香港，還是叫做香港上海滙豐銀行，在亞太區有二十個國家或地區設有分行。到了 2010 年，在倫敦的滙豐控股為了加強在亞洲市場的發展，集團總裁又班師回朝，移居香港。被媒體炒作成為集團回歸香港，其實這也是反映出一般香港大眾對滙豐的鍾情，在不少人心目中，滙豐與香港一直是不可分割的，相互依靠，至今很多人還是不願意接受滙豐早已變為一家國際金融機構，而香港上海滙豐銀行只不過是集團的一份子。甚至有傳言滙豐準備在上海上市，那是因為滙豐銀行看好上海（這也是滙豐的根源之一），希望滙豐的投資者是把資金投在一家真正的跨國金融機構。

書中的資料和資訊，全是隨手可得，並無敏感度。全文絕無"爆料"之意，追求八卦消息，肯定失望。對於人物，有一定知名度的用真名。講到身邊的同事，名字稍有改變，不想造成不便。全書共分八篇，覆蓋時間長短不一，不過可以看得出香港以及滙豐幾乎是起落同步，印證香港好，滙豐好的說法，反之亦然。

滙豐的發展，歷屆董事長的影響深遠。其中沈弼、浦偉士、龐約翰尤其突顯。站穩香港，放眼四海的戰略，方向一致，不過手法各有千秋。他們與其他董事長在不同時段，共同維護滙豐傳統的文化，身體力行，不遺餘力。把滙豐內藏的那種蘇格蘭人的堅韌、堅定、堅忍與堅持發揮得淋漓盡致。今天銀行業在金融風暴下搖擺不定的局面，更顯出滙豐文化難能可貴的一面。

我無法忘記滙豐的同事，他們那種忘我的拼搏精神，交給他們的事，就算廢寢忘餐，總會第一時間辦好，充分發揮讓我們香港人引以自豪的責任心。有時候他們加班加點，把自己的家庭放一旁，毫無怨言，使我感動而敬佩。就是因為有無數這樣的同事，滙豐才有條件邁向多元發展的路徑。我的同事，永遠讓我驕傲。

銀行近年來的發展，傾向交易多過關係，滙豐也有此趨勢。不少外聘的高管，多顧業績、少顧員工的感受，上下關係，逐漸疏遠，遑論團隊的打造。過分注重短期效應，總會犧牲長期利益，無法實現可持續發展，並非上策。以人為本，以客為尊，不是口號，而是我們做銀行的生存之道。

這本書並非只寫給滙豐的同事，希望通過這些還記得的故事，與香港人一起回顧這四十年來滙豐的過去、香港的經歷，讓下一代看得到我們過去的成功或成就，來之不易，希望他們能夠繼往開來，承先啟後，把香港的銀行業、把滙豐提升到新的高點。

借用滙豐精神，堅韌、堅忍、堅定與堅持，勉勵每一個讀者，這是我寫這本書的核心意義。

第一章

股市風暴待重頭

這是恒生指數大起大落的年代。

幾乎所有股民都上了寶貴的一課，

體驗了一段包含天真、無知、貪婪、沮喪、

失望等各種元素的經歷；沒多久事過境遷，

大家重新振作，另覓發展空間，

充分體現了香港人鬥志永不磨滅的精神。

1973 年 3 月 9 日，恒生指數衝上 1,774 點，從 1969 年的 110 點的起點計，短短四年內上升十多倍。1972 年港股全年成交四百三十億元，是 1971 年的三倍，1973 年再升上四百八十億元。創下歷史高位之後，掉頭下滑，到 1974 年的 150 點才停定，不足兩年，指數下調超過百分之九十。

用今天的術語，當年銀行創造了一種幾乎是無限量的流動性，發放貸款給股民入市。跌市的產生，其中一個原因是因為銀行收緊信貸，資金流動大減，終於引發骨牌效應，股民爭相拋貨，把恒生指數推倒。內在原因之外，1974 年爆發石油危機，世界經濟全面陷入困境。油價飛漲嚴重影響各行各業，市面陷入蕭條，企業盈利倒退，甚至虧損。

長達兩年的股災，金融市場元氣大傷，對香港是慘痛的教訓，卻也促使了政府完善市場既有的監管制度，為其後香港發展成為國際金融中心打下穩健的基礎。

香港電台 1973 年開播的《獅子山下》最能反映香港人這一種奮鬥的精神，主題曲中的“人生中有歡喜，難免亦常有淚；我哋大家在獅子山下相遇上，總算是歡笑多於唏噓。”短短幾句，道盡香港人那種隨遇而安，相信“能活下去就有機會”的態度。電視節目裏，許冠文、許冠傑兩兄弟“雙星報喜”的形象，更叫人看得笑中有淚：刻薄老闆許冠文，錙銖必較；樂觀積極打工仔許冠傑，永不言敗。碰到不爽的事，哼幾句《半斤八兩》的歌詞：“出咗半斤力，想話攞嗰足八兩，家陣惡搵食，邊有半斤八兩咁理想。”即時怨氣盡消，又再埋頭苦幹。也就是這一輩香港人這種反覆的自我開解、不斷的自我激勵的精神，為香港的發展打下了扎實的根基。

第1回 撤門禁招攬見習生

　　1972 年香港中文大學畢業，拿了文憑，讀的是工商管理，心想一定要找一間商業大機構，發展自己滿腔的抱負。在香港，不用多想，首先想到的是滙豐銀行。

　　除了滙豐銀行在香港財雄勢大之外，家人的期望對我多少有影響。家父來自上海浦東，算是鄉下人。他經常告訴我，當年從鄉下川沙到城裏來不容易，在擺渡船上看到矗立外灘的滙豐大樓，既宏偉又有氣派。跑近看，門口那對石獅子虎虎生威。朝上看，嘩，這麼高。頭仰得太高了，戴着的草帽都掉了下來。老人家在我畢業的時候，經常給我 "暗示"，如果能進滙豐工作，那可真是光宗耀祖的大事。

　　他的話我一直沒能忘記，能否進滙豐銀行將會是我人生中的一件大事。的確是想進滙豐，可是心有餘而力不足，一聽説進滙豐的各種要求，心裏就涼了下來。其中一樣條件是 "舖保"，就是要有一家有名望的店舖為想進入滙豐的人提供擔保，如果行為有甚麼差錯，所有損失將會由這家店舖負責，當時不少大機構僱用員工時都會有這種要求。家父多年在家弄個小工場，為別人做些手工，根本沒有甚麼店舖。要請別人代勞，出張擔保，當然也不容易辦到，於是進滙豐一事只得擱下。

　　家計不好，不容閒置在家，急着要找工作，挑容易考進的機構，進去再説。算我運氣好，沒多久便考進一家由印尼華僑所經營的本地銀行。這家銀行有特色：工資低，每月八百元；工時長，每週六天，每天十四小時。總行在上環一條小馬路上，一點都不起眼，怎麼看都不像一家大銀行。大堂櫃台裏面擠滿從印尼招聘過來的員工，站着幹活的也有，嘰哩咕嚕說的是印尼話，英語看不懂，廣東話也不行，說是從印尼請過來"幫忙"的，其實是在香港製造就業機會給印尼家鄉的華僑而已。

我做見習主任，跟主任"輪流"負責分行之間的提存。我坐在主任桌的時候，他就站在櫃台；反之，他坐桌子時，我就站在櫃台。必須"輪流"負責，是因為桌上有三個不用撥打的直線電話，從其他分行打來的電話，整天響個不停，一定要有一個人專責接聽電話才行。當時因為沒有電腦，分行之間客戶的提存，只能靠電話來查賬。也沒有計數機，只給了我一個算盤，幸虧對算盤還算有基礎，滴滴答答用起來蠻像樣的。就是因為沒電腦，也沒計數機，每天下班前要用算盤把利息算好，才能回家。下班一般是晚上九點以後的事，所以六點鐘配給晚飯，算是福利。有時候，賬平不了，弄到十一、十二點是經常的事，不過宵夜欠奉。

進滙豐不再需要舖保

折騰了半年，印尼話剛學會幾句，突然聽說滙豐門禁大開，不再需要舖保，而且推出一個見習生培訓計劃，專收香港大學及中文大學的畢業生。培訓三年，培訓期間的月薪是一千六百五十港元，畢業後接近三千元。可真是大好消息，起碼中大、港大同等待遇。當年，中文大學的江湖地位遠不如香港大學，不少機構明說只收香港大學畢業生，而不收中文大學的。當年的政府部門、大公司、大機構的正式公文，用的都是英文，開會時即使都是香港人，會議文件、記錄還是用英文。不少人雖然沒說在口上，心中以為中文大學的學生只懂中文，不然怎麼會連學校名字都叫"中文大學"？

趕緊把簡歷寫好，寄到滙豐銀行，靜候佳音！以後幾天，路過中環，總會繞道到滙豐大門口，細心打量，到底將來能進來嗎？進來又會在哪一層樓辦公？滙豐銀行的前面是皇后像廣場，在滙豐銀行辦公，從上面看下來的皇后像是怎樣的？看得到維多利亞港嗎？銀行裏一定有不少外國人吧？自己在大機構工作會有前途嗎？人家說，摸摸門口石獅子的爪子，會帶來好運氣，趕緊摸幾下，連鼻子也摸了，看看會不會靈驗。不過，實在沒多大的信心，當年的英資大行，沒有幾個中文大學的畢業生能夠"高攀"，中大當中，崇基又給人多一分土氣的印象，機會又低了幾分。

當年的香港中文大學是由三家學院在 1963 年組成，排名如下：崇基、新亞、聯合，甚麼原因是這樣排名，各有說法，無從細說。崇基叫學院，其他兩家叫書院，英語都是一樣，叫 College。崇基學院一直在新界馬料水，因為加入了中文大學，1968 年開始建新校舍，原校舍最接近當時的馬料水火車站（即是後來的大學站），而新亞及聯合的校舍還在外面市區裏，新亞在九龍農圃道，聯合在香港島的般含道。

我考進崇基，主修工商管理。早晚追趕火車以外，大部分時間都不在課堂裏，都用在體育及文娛活動上。崇基學生會會歌開首幾句就是：“鞍山蒼蒼，吐露洋洋；唯我崇基，雄立南方。”鞍山指的是馬鞍山，吐露指的是吐露港，崇基位置，正面對着馬鞍山，中間相隔的是吐露港。

　　“崇基仔”聽上去並無褒貶之意，只是説出在崇基讀書的事實。可是心裏明白，別的在城裏的院校總覺得我們“老土”，在馬料水這種鄉下地方上學，追趕火車很容易滿腳泥巴，全身一股鄉土味道，跑進市區就讓人覺得難登大雅之堂。不過作為“崇基仔”倒也自得其樂，環境好，適合打球。大學的四年，可以説在室外的時間要比在室內多，沒有接受太多的學術熏陶，説我這個“崇基仔”土頭土腦，並不過分。

　　沒想到有機會投考滙豐銀行，傳聞都説“崇基仔”一般不收，收的多數是“新亞仔”，他們的成績一般比我們要好。考試的時候，坐在人群中，左邊是香港大學，右邊是“新亞仔”，總覺得不是味道。既來之，則安之。心平氣和，整個過程倒也順利，過了一關又一關，到了最後一步，要見人事部主任，成敗在此一舉，心中不免忐忑。

第2回　地區專員的第一課

人事部主任是位女士，看上去年近五十，一身蘇格蘭方格子套裝，短頭髮，不苟言笑。辦公室不算大，她坐在一張桃木書桌後，叫我坐書桌前，不過椅子離書桌兩米多，有點接受問話的感覺。她的桌面上有一塊木牌，上面有名字，姓 Unthank，心想：那就是不要謝的意思。不敢讓她發現我在四處張望，趕緊保持目光接觸。她的眼睛從老花鏡片中盯着我看，第一句話就問："你是'崇基仔'"？

連忙點頭說是。沒想到她跟着直截了當就告訴我，滙豐沒有崇基仔，我連忙問為甚麼？她很不客氣地說："從來沒有崇基仔完成外展訓練課程"。外展訓練課程（Outward Bound Course）我略有所聞，知道是滙豐見習生培訓計劃的其中一項要求，必須完成為期近一個月的戶外訓練，着重體力與毅力的鍛煉。我衝口而出："你面前的'崇基仔'，就是第一個！"

她並不覺得我這一句話有甚麼了不起，沒甚麼反應。接着又來一個問題：為甚麼今天沒有理過髮便來面試？當年男生流行長髮，幾乎人人長髮披肩，我還好，頭髮只是長到脖子邊。這時候，我知道她已經沒有其他事情可以為難我，只能說到我的頭髮了。心中有數，順口"頂"了她一句："今天的潮流是長髮，我應該跟着潮流走。相信我們滙豐銀行亦一樣，不僅跟着潮流，而且是帶領潮流。"她還是老樣子，臉上沒有表情，也不吭聲，淡淡說了一句："有人會通知你甚麼時候上班。"

這算是已經錄用了嗎？我想應該是吧！走到門口忍不住笑了出

來，哈哈。沒想到，這個"崇基仔"竟然可以加入滙豐銀行，三年培訓後就會正式成為地區專員（Regional Officer）。成為英資大銀行的一名員工，在香港可真是光宗耀祖的事，總算沒讓兩老失望。

地區專員見習生培訓

在培訓階段，衙頭都叫 ROT，前面兩個字母是地區專員的簡稱，"T"是見習生。講到專員，我第一時間想到當年的粵語片中老牌明星吳楚帆經常扮演的專員，頭戴紳士帽，身穿中山裝那種。我亦曾試着向父母解釋專員是甚麼名堂，總是說不清楚，都總以為我是手提着包，四處收賬那種。父親故作輕鬆，笑着說："只要進去，做甚麼都沒關係。"然後淡淡的再加一句："你有辦公室後，我來看你。"意思是說我沒有辦公室，只是個四處奔跑的打雜，沒有多了不起。父親的表情看似不在乎，可是掩不住內心的喜悅，終於等到兒子進入滙豐銀行了，人前人後都說他兒子考進了滙豐，"考進"兩個字的語氣是特別加強的。幹粗活的人，有兒子進了大銀行，難怪掩不住內心的喜悅。

第一天上班是 1973 年 2 月 7 日，正好是年初四，新春三天假期之後的第一天，是大吉大利的開始，是人生階段的一個新開始。

開始見習生的培訓計劃，第一站是港島的德輔道西分行。培訓計劃為期三年，包括五、六個站，每一站為期半年左右。第一站能到分行，人家說是走運，因為分行裏人員較少，人事不像總行那般複雜，很快半年便能打發過去。而且聽說這家分行人情味濃厚，大家情同手足，互相關照。

德輔道西分行樓高三層，還有地庫、有保管箱，位於西環中心，有地利優勢，客似雲來，客戶以買賣大米、海味及參茸為主，富有地道的香港傳統味道。有些客戶，經常穿着唐裝衫褲上門，一點沒有洋派作風。分行的員工也很隨和，看到我新簇簇第一天上班，主動跟我打招呼。有個同事把我安置在分行經理那層樓，隨便找個凳子坐下再說。因為當時股市正當暢旺，大家都忙，沒空安排讓我自我介紹。另外有個同事倒也細心，怕我沒事幹，把手上的報紙遞給我，要我看看有甚麼消息，今天該買哪隻股票，附帶一句："有錢大家一起賺。"即使是上班時間，大家的心思全都在股票上。

記得那層樓的"後生"（Office Boy，簡稱 Boy），他的名字叫Percy。"Boy"這個稱謂並無貶意，有點像今天國內的服務員，不過當時這一個 Boy 只是服務經理一個人。這人很有意思，看我坐下沒多久，就過來問："阿 Sir，早餐吃甚麼？"立時把我弄糊塗了。第一，第一天上班就成為阿 Sir，有點飄飄然，這是甚麼概念？第二，問我吃甚麼？難道滙豐銀行還配給早餐？

他一看我有迷惘之色，連忙說，三塊錢一份，火腿加煎蛋兩隻、多士奶茶，全套最合算。原來他的妻子在銀行底層開了個小廚房，做員工餐飲的生意。對我來說，問題不是吃甚麼，而是在甚麼地方吃，Percy 連說不用擔心，有辦法，有辦法。

不要讓人使我尷尬的英式文化

不用一會，早餐來了，果然是火腿雙蛋，單面煎，多士奶茶。在 Percy 的引導下，我就在別人的辦公桌旁，拿着刀叉，享用我的早餐。當時我心中多少有點忐忑，在辦公時間內進食總不是一件好事情。

說時遲，那時快。沒想到一塊火腿剛放進口，一個外國人從經理室推門而出，距離我只有五、六米，腦子閃過的問題是，應該打招呼嗎？看來這一個是經理無疑，第一天來上班，理應跟經理打個招呼。可是嘴巴還有半塊火腿來不及吞下去，該怎麼辦呢？還有手上攤開的那份報紙，是股市行情的版面，要不要收起來？

可是一刹那間，發現這些問題都是多餘的。那個叫高西亞的經理，是個典型的英國紳士，一出門口，腰筆直，雙眼向前看，若無其事，穩步向前走，好像周邊一個人都沒有看見，雞蛋的香味也聞不到。把"非禮勿視"這四個字，發揮得淋漓盡致。

這就是進入滙豐銀行後的第一個領悟，第一次近距離接觸英國人的這一種應對邏輯：不要讓別人使我尷尬。就好像明明是你踩到了他，他還先跟你道歉，說一句"原諒我"（Excuse me）。所謂要你"原諒"他，其實是要你原諒他來告訴你：你踩了我一腳。當時，高經理當作看不見我，就用不着跟我說"對不起"來告訴我不應該在辦公地方吃早餐。

高經理是一個典型的英國紳士，講起話來斯斯文文，不慍不火。

我第一眼看見他，就對這種紳士風度產生很大的好奇感。他第一天沒有見我，以後也沒有。大家在同一層樓有好幾個月，從來沒打過招呼，更不用說講過話。他總是在同樣的時間上班，同樣的時間下班，甚麼時間上洗手間都好像規定好，甚至乎要從他的辦公室走多少步到洗手間都計劃好，不多不少。臉上表情也一樣，有輕微的笑容，但從不露齒。

　　從高西亞身上，我上了英式文化的第一課。

第 3 回　先敬凳仔後敬人

　　我們在分行裏的四個見習生，唯一跟高西亞經理講過話的就是談化，英文名字叫 Peter。談化很讓我羨慕，不是因為他有機會跟高經理講話，他的那口英語，可真是慢工出細活，一個字一個字清清楚楚，該有尾音就有尾音，要捲舌就捲舌。心想，香港大學出來的，果然不一樣。他人倒很客氣，雖然是師兄，一點不擺架子，一有機會就給我上一課，講講他的心得。師兄妹四人只有他有辦公桌，其餘三人，每人只有凳子一張，圍着他，兩前一旁，好不熱鬧。

　　談師兄這麼說過："在滙豐，一定先要弄清楚階級。有房間的不用說，全部都是阿 Sir，叫阿 Sir 不會錯。"阿 Sir 這種叫法，源自軍隊。其實阿 Sir 的 Sir 是張冠李戴，因為"Sir"在英國的制度下是稱呼爵士的，不是人人可以被稱為阿 Sir 的。這個阿"Sir"其實是 Officer 的"cer"的發音，Officer 就是軍官的稱謂，簡稱阿 Sar，不過"Sar"不成字，因此借用了爵士那個"Sir"字，同音而且又顯得尊重，只要官階在上，就有機會被稱為阿 Sir。

　　"沒房間的可以這樣分：圓凳仔，沒有靠背，只有四隻腳的，是後生或初級文員。四方凳，有靠背，不過沒有扶手的是文員。四方凳，有靠背，亦有扶手的，就是主任"Supervisor"。他眼睛一瞪，加強語氣："千萬不要得罪 Supervisor，你以後便知道原因，聽我說準沒錯。"他繼續說："凳子還可以轉動的，就是 Officer，亦即是阿 Sar。"

　　我睜眼細看，他坐的便是一張阿 Sar 的凳，難怪他邊說邊搖，好不得意。他指指前面，告訴我，那張四方沒有扶手的便是我的。我抽了口氣，心想，自己坐甚麼都沒有問題，可是這個階級的區別事關重要，一定要弄清楚，可不能含糊。是人跟着凳子走，還是凳子跟人改變，都沒有分別，只知道今後好一段日子，都是坐這種沒有靠背的凳子。所以有人説，做見習生的日子，就是"擔凳仔"的日子。在擔凳仔的日子才學會，其實在滙豐銀行分階級的事情可多了，管理層與基層，階級分得很清楚，有不少成文規定，也有不少不成文的潛規則。

70 年代的那段日子，在香港沒多少人談政治。很多事情，大家根本沒有想過對與錯，因為本來就是這樣，你高我低，你富我貧，都不關心，只要有飯吃，就相安無事。滙豐早在香港扎根，懂得這些道理，了解員工有飯吃就會死心塌地賣命幹活。有階級沒階級，大家不大計較。

"買辦" 文化

滙豐銀行裏的英國人，思維其實早已融入了中國的傳統文化，深切領會"治人者"與"治於人者"的分別，一個機構需要有這兩者的區分，要有人負責管理，也要有人接受管理，中間的媒介便是一種"邊緣人"，這就是以前的買辦（Comprador）。我進滙豐的時候，買辦制度已經不存在，不過還是有機會碰到某人，聽別人説這人就是以前某個買辦的後人。説白了，買辦就是華人的頭目，在一個以洋治華的時代，能做華人的頭目也不簡單，有無上的權力，亦有無上的風光，當然一般人亦相信有無上的油水。

買辦是十九世紀時外國洋行和銀行來華經商時，需要有精通外語的本地人作為中介，與本地人打交道。中介人要熟悉中國國情，有本地人脈關係，而且為人可靠。滙豐自1865年創立，便設有買辦制度，買辦自設部門，有出納、會計、文書、跑街等職位，全由買辦負責招聘。維時整整一百年後，1965年廢除。之後開始了見習生培訓計劃，培養一批地區專員。甚麼叫專員？其中的內涵需要多層次的理解才能逐步參透。

外資進入的最初階段是"以洋治華"的模式，然後逐步變為"買辦"這種"以華治華"的模式，只不過"買辦"時期的這個負責中間管治的"華"只是一個人，到了70年代把這種買辦制度再推而廣之，組成一批地區專員，成為真正的"以華治華"的組織。其實，以普通話來說，"治"跟"制"的發音一樣，"治理"，還是"管制"，都差不多同一個意思。

這樣就可以理解為甚麼我們的名銜會叫做 Officer，就是因為我們主要的工作是要去管人，去帶兵。有點像軍官那樣，上面怎麼說，我們發話下去怎麼做，不要問得太清楚，只需要把事情做好就好。做軍官就要有軍官的味道，最起碼下面的人聽他的話，跟下面的人還要保持一定的距離。記得有個師兄，方方面面都很優秀，人品好而且沒有架子，下班後，換了球衣球鞋就與其他員工到灣仔踢球，沒多久便接到人事部的勸告，但是這個師兄仍然作風不改，結果沒多久便離開了滙豐銀行。因為他沒有充分理解 Officer 這個字的含義，沒有把界線劃分清楚，無法進入應有的角色，忽略了官階高低有別的重要性。

滙豐的官階怎樣分高低？

最容易的是看每個人的級別，級別有兩種，第一種根據工作崗位的級別，叫工作級別（Job Grade），第二種根據個人的級別，叫個人級別（Personal Grade）。

這裏説的是 70 年代，當年的個人級別是，見習生三年學成之後，升級為專員（Regional Officer）。這是個人級別，個人級別跟着個人走，不受這個人以後的工作級別所影響。舉個例，剛升級的專員，最本事的也不過是派到儲蓄部做主管，很少有一個剛畢業的專員被調派到一家分行做行長，因為行長的級別，遠較一個剛升級的專員要高。相反，很少有已升級五、六年的專員，還在做儲蓄部主管。

所以我們先要弄清楚每個人的個人級別。雖然並非成文規定，不過有跡可尋，個人級別的第一年至第十四年叫專員（Officer），第十五年升級叫負責人（Accountant），負責人之後叫副經理（Assistant Manager），副經理之後叫經理（Manager），再上一級的級別在滙豐裏的俗語叫大寫（Chief Accountant），這個職級只有一個人。當時銀行裏的職位沒有正式的中文稱謂，"負責人"一詞是我的翻譯，不一定完全正確，不過也不能按照 Accountant 的字面意義翻譯成會計師。

一般專員在第一年至第十四年裏都只是"求存"，因為這十四年裏面沒有甚麼可以競爭的，第一年的就叫第一年，第二年的就叫第二年，銀行裏有一本藍皮簿，就跟族譜似的，把所有專員根據年資排序，中外一樣；這樣也有一定的好處，不用多心，安心幹活。不到十年不用擔心，因為專員到了十四年後就必須升級，升為負責人，不然的話，在滙豐的生涯就到此為止，請另謀高就。那時候，本地專員接近十年年資的不多，所以暫時都不用擔心。

　　當年職級是負責人的只有幾位，副經理更少，經理級別的更加少，偌大一個團隊，要淘汰不少人，才能維持這種組織架構。所以外籍專員到了十二、十三年的年資，便開始有坐立不安的感覺。升不上去，便可能要被解僱，當時的說法便是回老家“批薯仔”去也。70年代的滙豐銀行，基本上業務都集中在香港及其他亞太城市，要回老家就是提前退休，要是如此下場，誰都不願。跟老外共事多年，當年看他們那種不安的心態，真的別有一番滋味。

國際專員（International Officer）：早在六十年代便有國際專員，由英國進駐香港。跟香港的地區專員性質一樣，國籍不同而已。也有其他國際專員派駐海外分行，兩、三年一任（香港稱為“一水”，就像水手行船，兩、三年一次上岸回家）。滙豐銀行國際專員的團隊，全球約有四百人，在九十年代才有華籍國際專員，調派滙豐各地分行。這是滙豐銀行在海外的業務拓展過程中，不可缺少的組成部分。後來改稱為“國際經理”，人數仍維持約四百人。

第4回　穿針引線靠“後生”

　　後生就是那些在寫字樓裏幹雜務的人，寫字桌上工作以外的事情，全包。不過不包打掃，打掃有“阿姨”負責，在那年代負責清潔的不叫阿姨，叫“阿嫲”（Amah）。有錢人家裏總有一、兩個，甚至乎三、四個阿嫲負責家務。寫字樓裏面亦需要人做“家務”，搞搞清潔衛生，這種人也就叫“阿嫲”。後生的工作也不包括送信、幫同事買東西等，這些是 Messenger 的工作，Messenger 可以譯做“信差”，但當時都避免用信差這種略帶輕視的稱號，所以都叫 Messenger，用英語的叫法來緩衝一下，都覺較易接受，大家相安無事，一直流傳下來。

　　後生到底是幹甚麼呢？最簡單的説法，便是傳達。一是文件的傳達，不過限於辦公室內。專員及主任的桌面都有“In”及“Out”的兩種文件籃，後生負責把“Out”的文件籃裏面的文件拿出來，交給指定的下一位，放到他桌面上“In”的文件籃。二是信息的傳達。不過這種信息是很局限的，比如説，有人想見經理，一般是專員才可以要求見經理，其他人階級所限，不能隨便見經理，經理召見那是另外一回事。後生的工作，便是在經理的門口，輕輕把門推開一道縫，從中看過去，其實是窺看，看經理是否有空，後生便會決定是否推門告訴經理有人想進，如果不合適，後生會告訴專員過一會再來。如此這般，可以折騰好幾回都見不着經理。

　　如果跟後生關係好一點，他會把門推得開一點，讓經理知道，外面有動靜。這樣才有機會讓經理表個態，是否願意被打擾。如果關係不好，後生看有人上來，馬上把門攔住，説經理沒空，等一會再來。

大家可能馬上想起過去皇帝身邊那些近身，見不見得着皇帝，就得靠他們。

　　剛進銀行的那一天是年初四，是春節後第一天上班的日子，那一天讓我見識了後生另類的工作。十點過後，客戶陸續到來拜年，我們的後生 Percy 佔據門口有利陣地，説甚麼也不願意離開崗位，只要一看到有客戶上門，馬上提高嗓子，報上名來：張老闆到！李老闆到！把客戶引進經理室，把客戶手上的賀禮收下，水果、洋酒之類，整整齊齊地放在經理室的地上。

　　客戶一出來，後生又連忙把客戶引向一層樓的員工，跟大家打眼色，示意快跟張老闆、李老闆拜年。生意興隆，龍馬精神，一連串的賀語，説個不停。各個老闆笑呵呵，一上來看到誰就馬上叫甚麼哥，一看到剛來上班的我，雖然不認識，也不例外，馬上稱呼我是新來的帥哥，嘴巴不停地稱呼，手裏可沒停，一人一封利是。一看裏面放着的原來是張"大棉胎"，心中是又驚又喜。

五百元的"大棉胎"

　　甚麼是"大棉胎"？香港冬天禦寒用的棉被，當時叫"棉胎"。不過，"大棉胎"跟棉被無關，指的是 70 年代流通的鈔票，面積很大，所以叫"大棉胎"，比喻當年的鈔票大得幾乎可以當作蓋在身上的棉被。而真正夠資格被稱為"大棉胎"的，是一張面額五百元的大鈔票。

　　如果不對摺，五百元"大棉胎"放不進錢包。就算對摺，放進一般錢包，還是會突出一截，很礙眼。一般人根本拿不出一張"大棉胎"，所以身上有"大棉胎"之人，都是有身份人士，他們一般身穿唐裝，把"大棉胎"收在腰間的褶縫裏面。當天來拜年的這個客戶，是附近海味舖的張老闆，穿着一套唐裝衫，每人派一張"大棉胎"利是。

當年貿易是香港最重要的商業活動，尤其是在上環一帶，參茸、燕窩、海味等行業曾經盛極一時，造就了不少富翁，過年喜慶，多送出幾張"大棉胎"不算甚麼。不過對我來説，當時剛進滙豐，每月薪酬不過是 1,650 元，收到一張"大棉胎"的利是，可真是大利是，心裏高興得很，只是擔心能收不能收。我們的後生好像看出了我的心思，連忙加一句，快點收下，説幾句多謝老闆，祝生意興隆，新年賺多一點等等吉祥語。"大棉胎"是值錢的傢伙，1975 年滙豐銀行出了新一版的五百元鈔票，舊的"大棉胎"不再流通，倒成為了非常珍貴的收藏品，大多數都流入收藏家手裏了。當年沒留下一張，真是可惜。

張老闆走後沒多久，買賣大米的李老闆來了，紅光滿面，春風得意，看來生意做得不錯。跟經理拜完年出來，一開口是一句我之後一直都記得住的話："I am very much thank_you you。"要讀得快，讀成"thankiu you"才能顯示他那種充分感激之情。當年的客戶是衷心感謝銀行平日對他們的幫助，過年過節是他們表示感謝的機會，大家並沒有其他的想法，只要銀行辦事爽快，對客戶來説，已經是大好的事情，值得感謝。三、四十年後的今天，時移勢易，變成銀行要感謝客戶給予生意，銀行員工要親自上門向客戶致意，哪裏還會有"大棉胎"的故事。

李老闆在走之前，跟後生耳語了幾句，後生連忙答應知道，知道。沒多久，後生過來問大家的住址，原來李老闆給每人送 100 斤大米，送到每個員工家附近，因為 100 斤是一個人搬不動的重量，先送到了家附近，好讓大家叫家裏人幫忙，一步一步把麻包袋拖回家。

這幾天，就是在這個後生的"提攜"下，不單是"大棉胎"，還有一包包、一堆堆的東西往家裏帶，如冬菇、海味，糖果就更不用説了，帶回家，家裏老人家看到，總是有一份老懷安慰的感覺，孩子終於熬出頭了。上班幾天就有大米、冬菇、海味，還有一張"大棉胎"。真是不可同日而語！兩老帶着鄉音："大銀行就是大銀行，沒有閒話，有氣派就是有氣派。阿拉倪子在滙豐做得老好咯。"

經過這幾天，對銀行後生的工作，又多了更深一層的體會。雖不至於要敬之、畏之，但與後生多親近親近，看來是不會錯的。

發鈔銀行：七十年代，除了滙豐、渣打之外，另有一家有利銀行，也是發鈔銀行，不過發鈔量不大。有利銀行有長遠歷史，1854 年成立於上海，當年叫匯理銀行，1857 年到了香港，1862 年獲發鈔權，1959 年被滙豐收購，納入滙豐旗下，1974 年停止發鈔，1984 年滙豐將有利銀行賣了給當年的美國萬國寶通，即今天的花旗。不少舊滙豐同事曾在有利工作，據説是不少猛人發跡之地。

第5回 全民炒股盡皆 "贏家"

　　進滙豐之際，正好是股市瘋狂上升的時候，當時可以説是全民皆股，幾乎沒有人不買賣股票，一買一賣賺了錢，賺了錢又再買入，像滾雪球那樣，越滾越大。茶餘飯後，每個人的話題都是講股票，離不開哪些股票會漲的貼士。

　　在德輔道分行除了談化師兄，還有陳卓能師兄及艾蓮師姐，除了艾蓮，大家的話題都在講如何炒股賺錢，賺一千是一千，能賺兩千更好。我新來的時候，本錢有限，聽聽可以，不敢下手。我跟艾蓮師姐是當時少數沒沾手股票的，被謔稱為 "金童玉女"，是説我們不吃人間煙火的意思。

　　有一天，艾蓮師姐説要帶我上總行，有要事辦，非得兩個人一起去。不假思索，連忙答應，心想機會來了，有工作了，可以舒展拳腳，不用呆在分行仰天望地。艾蓮師姐手上拿了兩個紙袋，在香港我們叫 "手抽"。不知道是隔壁哪家海味舖的兩個 "手抽"，帶着一股魚腥味，還有點油漬。她説這種 "手抽" 最合用，一點不起眼。説得我有點糊塗，不能理解去總行拿 "手抽" 幹嘛？

　　原來 "手抽" 是用來裝股票的，送去總行交收。因為當時的股票要附有轉手紙，在分行我們先把股票與轉手紙分開，一人拿一個 "手抽" 裝。艾蓮是師姐，拿股票，我是師弟，拿轉手紙。一人一大疊，放在 "手抽" 裏，上面加一張舊報紙，稍微遮擋一下，不讓人看得出。兩個人還不能同坐一輛車，必須分別出發，分開坐小巴，一前一後，以策萬全。不用多久，從西環到了總行股票部。當時股票部在舊總行與渣打之間那座相連的黑色大樓地面層,每天各分行來交收股票的人可真不少。

一到總行,連忙拿出釘書機,將相對的股票與轉手紙釘在一起,再交給股票部同事點收。這就是所謂的"交收",如此這般便成為了交收專員,不過我還是一個副的,艾蓮師姐才是正的交收專員。初試啼聲還算是令人滿意的,拿着一個髒兮兮的紙袋,裝了價值不菲的股票,從東到西,又從西到東,搬來搬去,涉及的股票,價格以千萬元計,一張沒少過。

從交收股票開始,跟艾蓮師姐建立了良好的感情。我的英語水準一般,她也知道,我做好的文件,她總是不厭其煩,每次都幫我"盯"一下,修改一番。她為我好,想我看得清楚哪些改過,所以用紅筆,有時候,改得多,變成滿江紅。她是內部提拔的見習生,行裏的事知道一清二楚,哪有麻煩,總會叫我站遠一點,事情的程序該怎麼走,她總會靜悄悄叮囑我。還有,千叮萬囑的總是叫我不要碰股票,別眼紅人家賺錢。很遺憾,她其他的話我全聽進耳,就是叫我不要碰股票這幾句話我沒有聽好。後來股市狂跌,想起艾蓮師姐的話,後悔莫及。

擠滿"即日鮮"的金魚缸

1973 年香港股市飆升,短短幾個月升上 1,774 點歷史高位,在旁邊看的人都如癡如醉,更不要說買賣股票的人了。一天漲過一天,天天買，天天賣；有的還做"即日鮮"，當天買，當天賣。不管是誰，都在炒賣股票，大有大炒，小有小炒。能力有限的，合股組成一個"小集團"，團結就是力量，反正買了是肯定會賺的。在股票市場裏，好像個個都賺錢，真不明白大家賺的是誰輸的錢？

那時候，上班歸上班，買股票歸買股票的。只不過上班而又真正辦公的人少之又少，大家都在辦公時間炒賣股票。股票行裏面都堆滿了人，就像一條條金魚游來游去那樣，所以股票行也叫"金魚缸"。我們分行樓上就有一家股票行，同事們輪流到樓上的金魚缸看守，價位好，趕緊回來通風報信。更有人發揮團隊精神，用接力的方法來傳遞信息，張三守住金魚缸，李四在門口，王五在下一層樓梯等消息，打手勢把價位傳回寫字樓。如果"小集團"總部的領導同意，馬上出貨。當時好像每天都能賺上一點，大家都是嘻嘻哈哈的，工資已經不算甚麼了，可以說，工資發不發，幾乎已經無所謂。後來回頭看，用"瘋狂"兩個字來形容當時的情況一點都不誇張。

當年有一隻股票叫"香港天線"，其實沒甚麼了不起，就是一家賣無線電視訊號接收器（天線）的公司。當年家家戶戶還是收看有線電視，無線電視即將出台，之後肯定家家戶戶都要安裝天線，那還得了。這隻股票一上市，就節節上升，一元的上市價當天就漲到五十元。當時的說法，買天線，會"癡"線（神經病），不買天線，更"癡"線。天線的神話，沒多久隨着大市回落而破滅，股價也從高空墜落地面，高價買入天線股票的人損失慘重。

每家經紀行都很忙，也發了大財，光賺手續費已經不得了。還有一些不良的經紀行還要賺取差價，成交的是某一個價位，告訴你的卻是另一個價，中間差距給中間人賺去了。沒辦法，那時候不規範，散戶哪顧得這麼多，能賺一點已經很開心了。

當時的股票經紀都是天之驕子，江湖地位要比香港三師：律師、醫師、會計師要高得多，能認識一個經紀是天大的面子，買賣股票都要靠他們，電話打得通，真要謝天謝地。他們實在也忙不過來，中午收市也沒空吃飯，只能叫別人先去酒樓，叫碗魚翅足二兩，人到了再來加碗白米飯，把魚翅淘進去，變成為"魚翅撈飯"。"撈"的意思就是淘在一起吃，還有吃得叼口的，魚翅得要手指那麼粗的才行。

這一段風光的日子，讓人忘記了 60 年代的"豉油撈飯"，豉油就是醬油。60 年代不少家庭節衣縮食，不時要省下餸菜的錢；不過，沒有餸菜沒問題，白飯加點醬油，一樣吃得開心，大家都是這麼過來的。人是善忘的，一朝得志，哪會記得當年？另一角度看，香港人刻苦耐勞，困難時候不會怨天尤人；但也有樂天的一面，風光的時候也不會刻意收斂，而會盡情享受。

第 6 回　總行的培訓**最關鍵**

　　在分行學習六個月，工作上沒學到甚麼，可是倒也結識了幾個師兄師姐，從他們身上體會到滙豐的專員培訓計劃暗藏的天機。談化是第一個，他的階級論，往後的日子裏，一直用得上。艾蓮師姐是第二個，她的細緻讓我從粗線條的個性中，領悟做人要有綿裏藏針的能耐。第三個是 KK 曾師兄，話不多，總是笑眯眯的，我到分行時，他已經位居進出口部門老總，如果把他的級別量化，應該是第六年吧。他跟我雖然相差六年，倒沒有跟我擺架子，跟我還挺投契的，有空就約我打壁球。

　　這個師兄很有意思，他約打球不說今晚七點，總是說今晚七點到七點四十打球，準時七點四十，掉頭就走。他平日喜歡看書，亦一樣遵守他的時間教條，看半小時就半小時。他的時間概念，我不完全懂，到底是他在管控時間，還是時間在管控他，不過他這種到點就要走的概念，在我的啟蒙階段有深刻的印象。他家在筆架山，是銀行蓋的房子，後來賣給高級員工，非常寬敞，書架上全是書。他經常把我叫去，東聊聊，西聊聊，看

組隊 Leo 代表滙豐參加全港管理大賽，屈居亞軍，隊員由左至右：謝思豪、曾啟堅、談化、王澎世。

25

完的書經常借給我，叫我看完跟他談，他看東西跟人家不一樣，一般人看到白的一面，他看到的就是黑的，反之亦然。當然最厲害的是黑白他其實都看到，不一定說出來而已。

後來，他邀請我參加由香港管理協會舉辦的管理大賽。我們四人一組，取名 Leo。這種比賽，是模擬市場的動態變化，一組人代表假想的一家公司，產品如何定價，如何推廣，如何設立銷售管道，與競爭對手火拼，賺最多的那一組，進入下一輪同樣內容的比賽。幾百隊代表連番競賽，我們這小組最終進入決賽，正巧還有一隊也是來自滙豐的，五支決賽隊伍，兩隊來自滙豐，廝殺幾個回合，結果我們以馬鬃之微，屈居亞軍，失去遠赴紐西蘭參加亞太區決賽的機會。

當時師兄叫我別喪氣，安慰我這只是遊戲而已，輸贏別太介懷。不過他發現在比賽中，我的表現很特別，對於揣摩對手的那種直覺與眾不同，有強烈換位思考的能力。他認為我在滙豐這種華洋交雜的環境，有條件力爭上游，有發展空間。他強調一句：發展機會在總行，要爭取去總行學藝。

最重要是要學會如何把握風險

滙豐的專員培訓計劃，大致上為期三年，分為五至六個部分。不是每個人都一樣，調派崗位多少有些運氣的成分。有時候被調到總行某個吃重的部門，有時候卻調到分行某部門閒置一旁，其實學甚麼並不重要，要學的東西自己決定，主要要看在這三年間如何成長為一個銀行想要的專員。所以，我的態度不是來學習怎樣幹活，因為將來我是不需要幹這些活的，我要學的是哪些地方容易出問題，不要讓"水缸"有漏洞，學會把握風險點才是最重要

建於 1935 年香港滙豐銀行總部的客戶大堂。
（圖片來源：滙豐銀行亞太檔案室）

的。當然如何把自己塑造成一個專員的材料，卻又不讓人覺得我擺架子，也是同樣重要。

在分行裏，大家感情融洽，有甚麼話就直接説出來。總行裏卻有各種傳聞，又官僚，又多是非，隨時被人"開刀"。聽到自己要調派總行，心裏多少有點不踏實，不過記起曾師兄的一席話，發展機會在總行，一定要去看看。

那時候的總行還是老大樓，樓高十二層，下面闊，向上逐漸收窄，看上去像一個"凸"字。滙豐總行在香港老一輩人的心目中，印象深刻，簡直是香港地標，連地址也比別人威猛，直截了當，就叫皇后大道中一號，擺明就是老大哥模樣。

總行的大堂更不用説，氣勢迫人，走進去個個都會覺得威風凜凜。

大理石的地板，走起路來，每個人都虎虎生威。好幾根大理石柱子支撐整個大堂，加上天花板上的馬賽克，拼成一幅圖案，既莊嚴，又亮麗。那時候不是每個人都敢跑進來的，進來後講話聲音都壓低不少。

　　值得一提的是它的閣樓 M 字樓，銀行大班所在的樓層，M 字樓既在樓上不與大堂混在一起，卻又可以俯覽大堂，位處非常有利的據點。大家可以看如今還在的滙豐老大樓，上海的、天津的、倫敦的，都是這樣的設計。站在樓梯上，朝大堂看，真有大地在我腳下那種感覺。M 字樓的東北角有一台電梯，主席專用。一到總行，早有人警告我，千萬不能用，否則被趕出來。有時候走過，總有點衝動想試試看。

　　7 樓是大家耳熟能詳的專員餐廳。11 樓一般不開，聽説是後備寫字樓，裏面有桌椅、帆布牀、被褥、糧食等，萬一有甚麼事故，可以馬上搬進 11 樓應急，據説困上一個月也沒有問題。後來我進去看過，是否能熬得過一個月，要看有多少人，不過東西倒也齊全。

　　到了總行，就覺得在總行工作有一種非常棒的感覺，第一次看到許許多多的英國專員，講起話來，不僅咬文嚼字，而且抑揚頓挫，才知道甚麼叫英語。就好像今天來到北京天子腳下，才知道官多，首都就是有首都的氣勢。

滙豐舊大樓：在原址的第三座總行大樓，1935 年 10 月落成，是當時香港最高的建築物。1981 年拆卸，1985 年第四座總行大樓落成。滙豐大樓面對皇后像廣場（亦即銅像廣場，豎有滙豐前總經理傑臣 Sir Thomas Jackson 的銅像，1906 年立），皇后像是紀念維多利亞女王，後來銅鑼灣維多利亞公園 1957 年開放，皇后像搬到維多利亞公園，皇后像廣場這個名稱至今還有人用。滙豐大樓，銅像廣場，與舊日皇后碼頭成一直線，而銅像廣場本屬滙豐所有，後捐出作為公眾用途，不得蓋房子，滙豐換回永久海景。

第7回 股市暢旺工作不離股票

　　回到總行，還是離不開股票，再次被調入股票部，擔任稽核。主要還是因為當時 1973 年的股票交易量相當大，銀行涉及股票交易的內部工作多，需要大量專員培訓生幹這些粗活。

　　稽核就是把賬戶裏實際存有的股票與記錄上的數目相互核實，所以在股市收盤之後才能開工，每天下午四時回到總行，工作八個小時，正好午夜時分可以回家。那時候輕易還不敢乘搭過海隧道巴士，因為價錢比較貴，在天星碼頭坐輪渡過海，一程兩毛五，便宜得多。

　　負責股票稽核的工作，連辦公桌都沒有，日班同事下班後，辦公室內空地方多的是，隨便找個位置，把股票捧出來，對着電腦報表一張一張的核實。如果碰上大客戶的交易，一個賬戶要弄個大半天，而且經常交收不齊全，多數都對不上，想要完整核實一個賬戶，幾乎要求神拜佛。

　　股票稽核工作的技術含量當然不高，不過鍛煉一個人的修養倒是個好地方。記得當年年少氣盛，索性不把股票從倉庫拿出來，就跑進去，站在扶梯上，打開抽屜，就在上面對賬，胸前吊着小型計數機，抱着扶梯，把抽屜裏面的股票數目，用計數機一張張加起來。當時剛剛是第一代小型計數機面世的時候，體積、重量都還不算太小，用根繩子吊在胸口，爬在五、六米高的扶梯上，站久了，腿酸吃不消，所以經常要鼓勵自己：天將降大任於斯人，必先苦其心志，勞其筋骨。

　　在這個崗位上，數股票是其中一樣工作而已，另外更有趣的是要清點銀行裏一些值錢的東西，它們都放在倉庫裏，需要按時檢查。

我最喜歡清點的是浪琴的金手錶，這些是用來獎給服務滿三十年的同事，好幾百個手錶，一個一個攤開放着，一五、一十，數得不亦樂乎。心中在想，這裏面有一塊是屬於我的，只是還要等三十年才拿得到。三十年後的我會是怎麼樣？這樣一塊錶值多少錢？三十年的時間就換來這塊錶？一想到自己年紀還輕，想這些問題沒有意思，要想也應該想想做了專員之後會怎樣？加薪加多少？夠錢買房子嗎？想到這裏，心中一涼，還是趕緊數吧，數完金錶還要做另外一個股票戶口的核算呢。而且千萬不要得罪兩位主管，早點讓我回到日班，過正常起居時間的生活。

　　不足六個月，如願以償，調離股票稽核部。一來我已"學成"，主要還是因為股市不再暢旺了，要幹的活大為減少。很不幸地，香港人終於上了慘痛的一課，學會了股票可以漲，亦可以跌，而且跌的速度是那樣無情地快，手上的資產收縮的速度可以這樣快，隨着恒生指數的下調而逐漸蒸發，過去的風光不再，魚翅撈飯也逐漸銷聲匿跡。

　　離開了股票，覺得天高海闊。尤其讓我雀躍的是要調到總行的進出口部，心想這一下可以大展拳腳了，進出口業務一直是我心目中最重要的銀行業務，滙豐一直把進出口業務看為重點工程，跟做貸款業務是分不開的。

進出口業務是滙豐的牛油與麵包

　　首先來到入口部託收組，組長是個西洋人，西洋人便是我們口中的葡萄牙人。先來個九十度鞠躬，補一句："請多多指教。"奇怪的是他悶聲不響，不知道是聽不到還是聽不懂廣東話，又或許是不想答。只好硬着頭皮，把自己帶來的圓凳放到他辦公桌旁邊，一屁股坐下來，再補一句："有甚麼文件可以看嗎？"他還是不吭聲，就好像看不見我存在。

我沉住氣，靜坐一旁，遠距離眺望他文件籃內的文件。放眼四方，看到很多同事，看來跟我一樣，也是專員培訓生，坐在圓凳上，都是沒有靠背也沒有扶手的那種凳，離枱不遠，四處張望，有的怡然自得，有的不知如何是好。後來有個蔡偉洪師兄過來解圍，他說這是一條內部"法規"，要離枱三尺，好像看人家打乒乓球那樣，不能太靠近。看來要學的東西不在別人的文件籃裏面，而是要學會面對各種環境的變化，都要懂得應對才更重要。

進出口業務對滙豐來說，一直是牛油與麵包（Bread and Butter），就是說，吃飯要靠它！業務量非常大，人來人往，文件一大堆。說實在的，要別人講解也不可能，只能自己在家看看書，了解一下國際貿易的流程，回到寫字樓再印證一下。

進出口業務部門可以說是臥虎藏龍之地，師兄弟眾多，起碼二、三十。西洋人更多，五、六十，有的是假西洋人，明明是中國人，不過在澳門長大，而且還有個西洋人名字，叫甚麼德加度、雷米歐等等，一般都不說粵語，不過我們清楚得很，他們講起粵語來字正腔圓，比香港人一點都不差。

　　對他們並無歧視之意，也沒有仰慕之情，因為他們一般都是主任級別，我的基本原則是與他們保持一定距離，如果能靠近則靠近，多一個朋友總好過多一個敵人。在這種善於與人交往的基礎上，我倒認識了不少西洋人，領略他們的脾性，有幾個還逐漸建立起朋友的關係，這也是我在華洋交雜形態的社會中一種很有用的外交手段。或許這就是專員培訓的核心價值，跟不同的人種都能夠和平共存，取人之長，補己之短。

西洋人：西洋人是滙豐銀行的特色之一，現存文獻很少講到他們在滙豐的歷史。在 1973 年，相信有兩、三百人，自成一個圈子，最高級的有四、五個，Accountant 級別，位居大部門主管，其餘主任級（Supervisor）的為多。也有不少文員，在總行進出口、股票、來往賬戶等部門較多。1993 至 1994 年左右，全行只剩下十多名西洋人。西洋人多從澳門過來，離開後不少定居巴西，甚少回葡萄牙。香港西洋會所，是他們聚會之地。

第8回 與垃圾為伍的差事

　　進出口部平時沒有多少事情可做，師兄弟聚集在一起，話就特別多。我平時話不多，相反的對周邊那些有趣的事物倒很留意。其中有個叫雄哥的後生，為人非常客氣，口袋裏總有一包"555"香煙，見誰都主動奉煙、點火，絕無例外。他的辦公地點，就在靠近洗手間的一根柱子後面，有一張小桌子，工作是幫人沏茶，但總是有人過去找他，而且每次都會放下二、三十元，好像買了甚麼東西要付錢那樣。

　　好奇心驅使，走近他的崗位看個清楚。他看見我，馬上招手："兄弟，對跑馬有興趣嗎？不用自己跑去下注，只要到我這裏關照一句，馬上給你辦妥，不用收取手續費。"腦筋一轉明白過來，就是收"外圍"吧？他沒說穿，只是指指牆上貼着那張定期存款的底單——上面寫着他雄哥的名字。然後他笑笑說："放心，兄弟，一定沒問題。"看了看數目，嘩，肯定沒問題，存款單上的銀碼是十六萬元港幣，1974年，這是可以買一套七、八十平方米兩房兩廳住宅的數目。

　　還是趕緊離開是非之地，自動去找外勤工作。外勤工作，一出去就是一天，天高海闊，比悶在寫字樓好得多。有機會我總搶先，人家都說我古怪，因為出勤是會弄得一身異味的。外勤的工作之一就是要去監督燒毀舊文件，每週一次將銀行各單位所製造的文件廢料送去荔枝角焚化爐。

　　出更之時，先到總行地庫報到，我們是做監督工作，大袋小袋五、六十袋數清楚，讓人搬上車。到了荔枝角焚化爐，先把文件一袋袋倒進一個大坑，然後一個大吊臂把文件夾起，丟進火光熊熊的焚化爐。可是一般情況，大坑早已堆滿東西，要等吊臂把先到的東西清理掉才能把我們的倒進去。等卸貨的時候大家都各自偷閒去了，剩下我專員一個，坐在車上，忍住臭味，看看隨身帶着的書，消磨時間。工作量不大，不過其中過程不算令人愉快，因為要看着垃圾，不能跑開太久，肚子餓了，就只能在垃圾堆（幸好是無機垃圾）旁進食早已準備好的三明治。

另有一件外勤工作，環境好一點，不過也是換來全身異味才能收工。那是燒舊鈔票，可是輪不到我，因為這工作風險系數不一樣，不能由普通學員來負責，一般是由現金部的師兄來操作。

滙豐是當年三家發鈔銀行之一，其他兩家是渣打與有利。三家的發鈔比例以滙豐為首，佔比重超過八成。當時的有利銀行屬滙豐全資附屬機構，也有發鈔權，發鈔量很小，如果今天大家手上還拿着有利銀行的鈔票，肯定有收藏價值。滙豐銀行在那時候，基本上扮演中央銀行的角色，滙豐的鈔票是由英國布百利（Bradbury Wilkinson）印鈔廠負責印製，後來由於各種原因，才轉由湯馬士（Thomas De La Rue）印鈔廠在香港印製。

舊鈔票要燒掉

用過一段時日的鈔票變舊了，就要換過新的，舊的拿去燒掉。而且在滙豐櫃台發給顧客的鈔票，應該都是滙豐自己發行的鈔票。即是說，收到他行的鈔票，都要分開放，集中送回給他行，交換他行手上滙豐的鈔票。

　　還有另一份外勤工作，也蠻有意思，可是因為地點有點髒亂，一般人不喜歡。在進出口部門，客戶經常要來取貨，這些貨放在總行的地庫，其實是一種抵押品，客戶付了錢，我們就去提貨交給客戶。當時來得最頻繁的是一家手錶經銷商，幾乎天天來存款，然後取貨（其實是贖貨），取貨賣了錢，明天又來過。我們提貨，一個人還不行，因為鑰匙要分開兩個人負責，所以一定要兩個人一起去開鎖。我是學員，要跟一個專員一起去。

　　沒多久，我被調到銀行的訓練中心。離開進出口，下一步又變成"老師"，去做培訓工作。負責培訓中心的是譚校長，辦事認真，見我新到，就讓我跟着范大師兄，等有點基礎，才能上陣為新員工上課。第一課就是學數鈔票。一紮鈔票是一百張，十紮成一捆，怎麼紮，怎麼捆，有不少竅門，尾指要夠力，把鈔票壓緊，不讓動，這樣數起來，鈔票整齊。同時右手拇指和食指要合拍，把鈔票一張張向上翻，要發出聲音才有味道，嗒嗒嗒那樣，看上去很專業。最難是數鈔票的時候，要正面跟正面，有反過來的要抽出來，掉過來。每一根手指都要用上，時間長了手指都變得僵硬，手掌想合起來也有難度。我自己要先學上手，才能轉授給新員工，起初大家覺得好玩，時間一長，都叫苦連天。

　　1974 年的訓練中心在中環溫莎行，就是今天的置地廣場靠電車路那邊。當年訓練中心只有九個人，包括兩名學員。課程不少，有的給全新入行的，例如數鈔票，打機過賬；有的給在職的前台櫃員，例如處理投訴；有的講專門技術，例如進出口的買單及贖單。

在訓練中心那段日子我開始對滙豐有歸屬感，覺得訓練中心是一個家，裏面有家長，有人關心我；不明白的，有人肯教我；有困難，有人肯幫我；做錯了事，他們會告訴我，讓我重新再做，做好為止。訓練中心的一段日子，改變了我對滙豐的看法，也改變了我對銀行工作的看法，使我覺得應該負起教導後輩的責任。

在培訓中心那幾個月，最喜歡的是給新同事教授基本銀行課程，課程叫 BBC，跟英國廣播電台的簡稱一樣的名字，講的是銀行基本業務，不過也有歷史、文化等內容。大家對我這個新紮師兄的評價不錯，講得起勁，下面聽得過癮。有眾前輩的鼓勵，我一有空，就去銀行的圖書館找資料，把滙豐的歷史文化有趣味性的材料，補進課程裏面，豐富一番。我的那部分，逐漸成為賣點，不少人專程來聽。把事情做專，自然沒對手。

溫莎行：Windsor House，即今天置地廣場近電車路那邊，樓高六、七層。最出名的不在大樓本身，而在它的地庫，是著名的"蛇竇"（辦公時間躲起來偷懶的地方），七十年代最旺盛之際，叫馬星會館，馬來西亞加星加坡，食物又辣又香，吸引各界打工仔，包括到來"蛇王"（偷懶）的人。由於廿四小時營業，晚上在中環熬夜班的"蛇王"，經常出沒，裏面有打彈子機，是熱門玩意。

第9回　外展訓練先簽生死狀

　　外展訓練是滙豐專員培訓計劃的核心項目，過不了關，不能升級。

　　外展訓練的正式中文名稱叫做青年領袖訓練營，不明就裏的會以為是一班年輕人在週末一起做做運動，舒展筋骨。英語叫 Outward Bound Training，意思比較清晰，就是要超越自己極限的訓練。這是 1941 年始於英國北海的海上培訓課程，讓學員在大風大浪的環境下克服困難，挑戰極限。香港分部於 1970 年成立，由香港的英資大行及政府贊助，滙豐自然是其中一個牽頭單位，每期都派出三四名學員參加。營地設在新界西貢，以戶外活動為主，為期廿六天，分為山地行軍、攀石、獨木舟及划船四項活動，每樣活動大概前後五天，加上在荒島獨居三天，若遇上風吹雨打，行雷閃電，責任自負，據說曾經有參加者受雷殛而亡。

　　參加此項訓練，必須先簽生死狀，如果有甚麼三長兩短，與人無尤。正準備"從容就義"之際，腦海閃過一個問題：值得嗎？到底我在滙豐一年多，學到甚麼？銀行又準備如何提拔我？腦子裏一片空白。這一年多的時間，是一段"黑暗"時期，因為我與銀行都在黑暗中摸索。我摸索的是一條路徑，希望循着它能早日學成。銀行摸索的也是一條路線，希望跟着它找到一套正確的培訓方法。我相信銀行當時根本沒有一套有系統的方法把各種銀行實務，完完整整地灌輸給一班對前途充滿憧憬的新血。

　　那是 1974 年的初夏，正是香港雨季的開始，三天雨兩天晴，外展第 42 期正式開班。外展學校的本部在西貢半島，各項活動圍繞着本部，在附近的山頭野嶺或海邊進行。

外展的核心精神是利用高難度的戶外體能訓練，發揮學員的潛能及培養合作精神，從而培養不屈不撓的意志力。五十多名學員分為四組，我年紀稍大，自然被“選為”組長。組員不一定全是大公司來的行政人員，每組都有一兩個“問題人物”，比如說，青年罪犯在教導所三年，準備在培訓後釋放那種。要我這種業餘組長來看管這一類問題人物，並非一件簡單的事。光看他們光着膀子，雙肩的紋身，左青龍，右白虎，雙手叉腰，做組長要管他們，談何容易。如果讓他們跑了，那罪名可大了。

由於體力付出很大，三番四次都有學員想退出，包括自己的師兄弟在內。外展訓練的確有挑戰性，不僅測試自己的智商，還探索自己的情緒，在不同的環境，如何應對。記得上蚺蛇尖，西貢高峰之一，大概有一千米高，山坡陡峭，加上雷電交加，爬三步滑兩步，眼看天色漸黑，大夥還在山腰，心急如焚，上不去山頂，無法放下信物。掉頭下山，更是違反“軍令”，要自動退學。五個人一組，三個已經筋疲力竭，我只好帶同剩下一個，鼓起餘勇，死命向上爬，當時也顧不了雷電，到山頂後放下信物，趕緊回頭找弟兄。任務雖然完成，不過作為組長犯了幾條錯誤。第一，不能放下組員；第二，不顧安全，在雷電交加情況下上山；第三，沒有留在原地求救。給教官罵了一頓，幾乎要寫書面檢討。其實就是要看一個行政人員在關鍵時刻，考慮是否周全。訓練不僅是體力的考驗，而且是應變能力的測試，兩者都必須兼備，才能稱得上是一個合格的領導。

廿六天的外展訓練，吃盡苦頭。課程的設計就是要我們吃苦頭。我是滙豐銀行"大班"（綽號而已！）最受導師"歡迎"，是他們重點目標。記得有一趟烈日下在山上行軍，要我背着那個有三加侖水的水桶殿後，搖搖晃晃，差點晃進山坑。還有一趟要我示範在水中漂浮，雖然有救生衣，但是我這個四眼仔，拉着船邊一根繩子，隨波逐流半小時有多，吞了不少海水。漂浮還行，給船拉着漂浮可不一樣，要千萬小心。

荒島上的 Solo

外展課程裏其中一項叫 Solo，一個人單獨生活的意思。在一個荒島上獨個兒生活三天，只給一小包食物、一包火柴、一瓶水、一件雨衣，其他一切欠奉。到了島上，不用四處找人，第一，根本沒人，第二，不准離開"營地"100 米。為甚麼這麼做呢？道理很簡單，就是讓我們的腦子，能夠真正空白三天。這三天裏面，一方面自己照顧自己，另一方面，自己跟自己"説話"，讓自己思前想後，就好像跟自己講話那樣。平時沒有時間去想的問題，現在全跑出來了。為甚麼這樣？為甚麼那樣？對人生的看法，因為有時間，可以重新定位。等於説，這三天是腦子的活動時間。

同時鼓勵學員不吃東西，讓他知道飢餓的感覺。也藉此機會測試

自己 "禁食" 的極限，照規矩三天不吃東西，應該問題不大，平時沒機會體會而已。我那三天基本上在大雨中度過，東西沒吃，三天後體重減去九磅。更重要的是：有機會安靜地把事情想想。這樣平平靜靜的三天，有很大的作用，何去何從？以後如何定位？自己有了新的看法。

三天的過程，完全孤立，才知道人的自信心其實很脆弱，在大雨連續的侵襲下，飢餓、寒冷、無助的感覺把自信心完全摧毀，令人知道自己的渺小。人是群體動物，需要有別人的存在，才感到有安全感。在絕望的情況下，腦子才有機會徹底地思考，把不安、焦慮、失落的情緒放在一旁，提升勇氣到最高點，衝破壓力。

廿六天之後，曬得一身黑，變成銅皮鐵骨。能夠在外展畢業值得驕傲，讓我高呼：郭朱衛！（郭朱衛是外展的口號，並無特定的含意，一般在歡呼時用。）我成了啦！

日後才逐漸發現外展訓練體現的這一種體育精神，跟滙豐的企業文化很接近，銀行堅持每個專員學員都要參加，是有道理的。

大班：香港一般人對洋行總經理的稱謂。首次出現在 19 世紀中，西方的貿易公司來到香港經商，公司的代表被稱為大班。後來 James Clavell 在 1966 年出版的《大班》一書把大班這個稱謂宣揚到西方，而逐漸普遍使用，可以套用到各大外資企業，例如怡和洋行有大班，滙豐銀行有大班。平時稱別人為大班，多帶嘲笑之意，不一定是尊稱。

第二章

經濟轉型蓄勢待發

從波濤洶湧的股海醒轉過來後，

香港經濟結構開始新一輪的轉型，

一方面是大量資金及人力投入工業及房地產的開發，

另一變化是蓄勢待發的本地華資乘時而起，與外資競逐。

樂觀積極的香港人，也就逐漸忘記股災帶來的傷痛。

當年同屬怡和（或稱渣甸）集團的置地與九龍倉同時投入香港房地產發展。前者開發中環的置地廣場，後者發展對岸的尖沙咀地段，打造海洋中心、海運大廈及海港城三個相連的大型商場，維港兩岸互相輝映。

由華商帶動的一股新動力蓄勢而起，積極投入製造業，製衣、塑膠、電子、鐘錶及玩具等。長江實業、新鴻基地產、恆隆、合和等透過上市籌集大量資金，投身房地產開發，不讓英資專美。環球、東方海外、華光等航運企業同樣大放異彩，實力日增，不比英資為弱。

滙豐繼續發揮龍頭地位的優勢，既維持與英資的良好關係，同時加強與本地華資的合作。新主席沈弼（Michael Sandberg）1977 年 9月接替沙雅（Guy Sayer），更發動劃時代的擴充計劃。這時期的滙豐可以說集合天時、地利與人和於一身，盡佔優勢。

經過股災一役，雖然不至於返回豉油撈飯的艱苦年代，但社會大眾亦不得不節衣縮食。晚飯後都在追看電視連續劇，這邊"鱷魚淚"，那邊"網中人"，然後"歡樂今宵"，看看藝人胡鬧一番，一起高唱"歡樂今宵再會"，這樣就過了一天。

這時候的香港很"乾淨"，流行的是校園民歌，已故作家三毛的橄欖樹："不要問我從哪裏來，我的故鄉在遠方"，人人都會哼。"走在鄉間的小路上，暮歸的老牛是我同伴"，區瑞強戴着牛仔帽，彈吉他唱民歌那種純樸味道，至今猶有餘韻。

第 10 回　海外拓展遠至南太平洋

　　接受外展訓練之後，便是六個月的海外培訓，海外受訓回來，立即便可提升為專員。滙豐海外受訓地點主要有三個：美國三藩市或紐約；英國倫敦或歐洲其他幾個城市，例如荷蘭的阿姆斯特丹；南太平洋的幾個島嶼國家，例如英屬所羅門群島、瓦努阿土島等。

　　大家心中的首選當然都是美、英兩國。為了爭取好的地點，不少學員經常往人事部跑，學員調派都在人事部安森克主管手上，她的秘書蘇愛蓮負責安排次序，所以大家都往蘇小姐那邊跑關係，做工作。蘇小姐是西洋人，有的人甚至乎跑去學燒葡萄牙菜，準備打家鄉牌。有的人分期供款買輛車，準備假日邀請蘇小姐遊車河。或許我在這方面反應比較慢，結果挑上我去所羅門群島。

　　所羅門群島在澳洲黃金海岸東北部，從大堡礁再向東飛大約一個半小時便可到達。但所羅門群島與大堡礁有天淵之別，這裏沒有洶湧的浪濤，沒有滿鋪細沙的海灘，更加沒有健美身材的俊男美女。更沒有小說中的所羅門王的寶藏，不然今天或許還有人在那裏尋寶。

　　所羅門群島中最大的是瓜多加內島（Guadalcanal），首府荷尼拉市。1974 年，所羅門群島尚屬英國保護地（Protectorate），使用的是澳幣，人口只有二十萬，華人不到一千。島上大部分面積是椰林，可以行車的只有中間一條鋪了柏油的馬路，由東到西不過三十分鐘車程。市中心也不過五、六十間店舖而已，稀稀落落分佈在馬路兩邊。兩旁椰子樹，數目要比路上行人多。

　　滙豐為甚麼要來這種地方開分行？第一，商業原因。島上有不少林業貿易，椰子、椰油、木材等全都是出口的。第二，這就是滙豐開拓新市場的魄力，不怕遠，不怕艱辛。又為甚麼要安排我們來這種地方受訓呢？因為所羅門群島雖小，但滙豐在這裏的分行服務全面，存款有活期、定期、七日通知；有貿易融資，也有中小企業貸款；匯款業務更不用説，匯價理想，華僑馬上匯錢回香港；還有海外服務等等。這裏有各種各樣業務可以學習，而且在這種環境下，更可以提供學員完全獨立（甚至乎是孤立）地面對及解決大小問題的體驗機會。

短袖襯衫、短褲、長襪的白色制服

在所羅門群島開設分行，也看得出滙豐銀行向海外拓展市場的策略，早已開始。而且不僅是投入金錢，還要派出自己的人馬掌控分行管理。這種錢到人到的做法，不是一般機構可以做得到的。

島上全年都是熱帶風情，天天攝氏 34 度，一大早便已熱浪逼人，中午日正當空更加吃不消，根本沒有人在馬路上走動。我們都配備制服，白短袖衫，白短褲，白長襪，就像早年香港的衛生督察那樣，這是海外訓練的特色之一，值得一記。

整個分行只有十餘名員工，包括三名由香港來的專員及學員，還有一名外籍經理。外籍經理名義上是總管，但除了每天定下澳幣的匯率之外，其餘工作全交給我們師兄弟三人。説是三人，其實是一個人帶了兩個學徒。大師兄早我四、五年資歷，是我們兩小兄弟的師傅，樣樣事物，只要是稀奇古怪的，一定要請示師傅定奪；小師兄比我早一年光景。兩個師兄都是由內部提升而加入學員計劃的，兩人銀行經驗豐富，尤其師傅，如同百科全書，甚麼問題都難不了他。

　　師傅手上故事很多，不少帶有深刻寓意。其中印象最深的是關公的故事，對我啟示很大。話說關公當年義勇雲天，人人敬畏，手下徒弟甚多，有徒弟某甚得關公疼愛，其餘弟子不明所以。有日早操後，各弟子輪流向關公請安。這一個徒弟某上前問安，上稟師傅最近武藝大有進步，十分振奮，謝師之後說："人人稱讚師傅武功蓋世，其實師傅除武功外，為人修養到家，虛懷若谷，亦眾所周知。"稍一停頓，徒弟某再加一句："我看師傅還有一樣修為別人鮮知，那就是師傅為人忠直，最不喜歡戴高帽，實在令人佩服。"關老爺想了想，手

作者（右）與同期同事李敬德外派所羅門群島，分行配給一套像香港衛生督察般的制服。

撫長鬚，連連點頭稱是，對！對！最不喜歡戴高帽。故事的真實性無須考證，師傅引用這個故事，是想告訴我，在銀行這種服務性行業，要學會這種"禮多人不怪"的道理。

島上沒有電視，電影院倒有一家，叫 Point Cruz，經常放映中國電影，最受歡迎的是李小龍的《唐山大兄》，另外一套是羅馬帝國興亡史，幾乎每晚放映。戲院簡陋不堪，像以前香港英軍的營房，半個圓形鐵皮屋頂，兩邊通風。戲院裏可坐上一、兩百人，不過一般只有二、三十人，幾乎全是華僑。

當地一般人的工資不高，像我們的本地員工，月薪二、三十元澳幣，可是在他們村裏面已經是高人一等。按當地規矩，村裏有人賺錢，要大家分享，所以到發工資那一天，村裏的人約好在銀行門口，等銀行的哥兒們一出來，趕緊拉着去吃頓好的。回頭一看他們的工資戶口，就只剩下一毛錢了，是最低存款額，等於説剛發的工資已經全取光，一個晚上花完為止，接下來的整個月就吃自己種的紅薯，天天吃。

他們平時不穿鞋子，根本沒錢買。上班赤腳不好看，給免費添置鞋子和襪子，他們視如珍寶，下班後不捨得穿，把鞋襪脱下，鞋子放在銀行裏，襪子拿在手中，赤腳走回家。看見這些當地員工這般小心翼翼處理他們的鞋襪，就覺得自己腳上那一對鞋子還真是挺不錯的，也應該受重視，差點也想把鞋襪脱下放在銀行，赤腳走回去。

一條木頭的心意

　　記得有位年資較長的本地同事奧古斯，跟銀行借錢買了一條木頭，辛辛苦苦把它挖空，細心打磨成一條獨木舟，然後趁一個週末長假，請幾個同事幫忙一起把它抬回家送給爸爸，走了一天一夜，回到家鄉，放下獨木舟沒多久就跟家人說再見，一夥人又花了一天一夜走回來。這一個爸爸當然高興，一生人可能就是盼望有一條獨木舟，如今自己的孩子送了一條給自己，心中喜悅自不可言。

　　這半年時間，最深刻的是當地人的純樸，在物質文明還沒有侵蝕我們生活的時候，那種簡單的生活方式，帶給人的快樂非筆墨所能形容。我們分行有一個後生叫西拉子（Silas），十八、九歲。最熱心幹活，從不偷懶，有時候還要給他找事情做。有一次，看他閒着，叫他去看看晚上放甚麼電影，順道買幾隻雞蛋。沒多久，事情多，忘了這件事，後來發現辦公桌上放了一封信，原來是他寫的：

　　Dear Mr. Wang,
　　I am Silas yours.　Movie China no more.　Only Roma.
Eggs no me, only you buy.

Yours faithfully.
Silas

　　意思是：我是你的西拉子。中國電影沒有了，只有羅馬的（羅馬帝國興亡史，每週起碼播一次）。雞蛋不給我，只能您買。（當地賣雞蛋的商店選擇性拒絕賣給某些本地人，是當地的一種歧視行徑。）

　　放眼過去找他，見他躲在柱子後，伸出半邊臉有點靦覥。看見我臉上有微笑，他也笑了笑，黝黑面孔上透出滿足的眼神。西拉子能跟我寫個便條，彙報情況，相信這是他以前沒有試過的。

　　在所羅門群島，讓人體會到簡樸生活的可貴。早飯是午餐肉加白麵包，午飯是白麵包加午餐肉，沒有區別。晚飯好一點，來三根臘腸，一人一根。最多炒兩隻蛋，還是配給貨，不能多吃。每天有六元澳幣的補貼，盡量省下，等週末到唐人街買點吃的，順便去燈籠餐廳喝茶，當地老外叫它 Lantern Restaurant，是唯一的中菜館。老闆錢大力（Derek Chin）是個華僑，在那邊生活二十多年，蠻吃得開，所以配給新鮮豬肉沒問題。我們一般人買不到，只有冷藏的肉。能吃新鮮的，感覺特別好。

　　島上沒有電視機，倒也耳根清淨，蚊子飛過都聽得清楚。電影院不能天天去，就這麼幾套電影換來換去沒有新意。打麻將打不起，看着別人一個晚上輸掉一個月的工資，受不了這種刺激。看書還可以，但燈光不夠，很快便會睡着。睡覺姿勢又特別講究，如果習慣仰着臉睡覺，千萬別把嘴張開，因為天花板上的壁虎可能會掉進口裏，有一個師弟真的是帶了口罩睡覺的。在大門口的角落多放點硫磺，怕有蛇爬進來，我就在客廳裏見過兩條蛇，有毒沒毒分不清。郵局經常罷工，香港來的信，有時候一週來三封，有時候三週沒有一封，書信來往不容易，深刻體會到甚麼叫家書抵萬金。

我們從香港來的，之前都沒有這種在落後地方生活的經驗。有時叫天不應，叫地不靈，有甚麼事只有靠自己來解決。我們三師徒週末喜歡開了車，到海邊走走，背後是椰林，前面是汪洋，一個個小島零星分佈。對着大海，大家都不做聲，靜靜聽着海潮拍岸的聲音。心中想的都是同一個問題，何日能回到大海的另一邊。可是換個角度來想，這種經驗，才能讓我們長大、成熟，受到磨練才會知道自己以前的脆弱。離開所羅門島之前，依依不捨地與師弟肯尼夫約好，三十年後一起回來看看，可是三十年已過，因為工作原因仍無法成行，憾甚。

滙豐的海外培訓，讓我們體會不同地方、不同人種的生活，從差異中找到共同點。經歷過這種獨立、甚至是孤立的生活與工作，才知道這專員資格來之不易，此後更懂得珍惜自己得到的經驗與體會。

第 11 回　華資企業順勢崛起

　　1975 年 5 月從所羅門島回來，正式成為一名專員，在滙豐仕途上是一個重要的里程碑。這時候，吸取了股災教訓的香港人，深切體會不能單靠股市的復甦帶動經濟發展，必須在其他領域開闢新天地。本地華資企業乘時而起，連番動作，推動香港經濟結構進入重要的轉型期。

　　長江實業與滙豐合資，重建中區鬧市的華人行，1978 年長江集團總部遷入華人行，1979 年 9 月 25 日，長江實業宣佈以七億一千萬元收購滙豐手上的九千萬股的和記黃埔股份，佔和黃發行股份約 22%。和黃當時在香港的英資洋行中排名第二，由本地華資收購，加上長江實業是以七億一千萬元的代價，成功入主資產高達六十億元的和黃，此一役在市場引起不少的轟動。

　　和記黃埔前身是 1860 年創立的和記洋行，20 世紀 60 年代迅速發展，1969 年和記洋行收購黃埔船塢的 30% 股權，1971 年上市，1973 年實力已超過太古洋行，可是因為外匯問題產生財政困難，1974 年股價跌至低點，市值為高峰時期的 5% 左右。這時候滙豐介入，注資收購和記國際的 33% 股權，之後策劃與黃埔船塢合併，成為和記黃埔，代替和記洋行的上市地位。1979 年滙豐把持有和記黃埔的股份出售給長江實業，至此，首家英資大行落入本地華商手上，開創了香港經濟史的新一頁。

　　與滙豐有長期合作關係的華資還有包玉剛。包玉剛是滙豐第一個華人董事，他的環球航運在滙豐的支持下，早已成為國際馳名的航運集團。1979 年底，在滙豐的支持下，船王包玉剛收購屬於置地的九龍倉。隨着華資企業連番的收購行動，華洋爭奪戰進入白熱化的階段。

滙豐向華商的傾斜，迎合了當時本地華資崛起的形勢，是戰略上的成功。1978 年，中國開始推行改革開放政策，內地發展商機處處，為香港的公司，尤其是華資企業提供了更廣、更大的發展空間，滙豐正好處於承先啟後的位置上，在香港的重要性一時無兩。

同期間，滙豐並沒有忽視與英資洋行的關係，繼續利用原有的歷史優勢，與香港老字號洋行如怡和、太古等大企業維持穩定發展關係。很明顯，這種雙管齊下的策略，是建基於滙豐決意在香港扎根、與香港並肩成長的願景。這個時期正是新大班沈弼 1977 年接任之後，他為滙豐制訂深具長遠眼光的發展戰略，因此也成就了滙豐更上層樓的高速增長。

要全面了解 70、80 年代香港高速的經濟發展，不得不提廉政公署的成立。作為香港金融界的一員，當時的銀行在這個肅貪倡廉的過程中也扮演相當吃重的角色。

肅貪倡廉銀行有責

經歷了股市的風暴，股價暴漲暴跌，讓香港人知道賺快錢並非穩妥之道，"貪"字很容易變成"貧"字，香港人從低谷中覺醒，做人要腳踏實地。這個期間香港人口急速膨脹，製造業起步，社會資源短缺，秩序失衡，急功近利者通過行賄手段攫取資源，社會風氣萎靡；

廉政公署的成立，重新樹立公平競爭的重要性。

　　廉政公署把涉嫌貪污受賄的前總警司葛柏（Peter Godber）從英國引渡回港，接受審判然後服刑。英國殖民地的香港政府從英國老家把前高官押解回港，這一次成功的行動，鞏固了廉政公署的威信，讓人感覺在香港這地方做生意有保障，不必用旁門左道去影響商業決定。

　　1976 年我在觀塘分行工作的時候，廉署就曾經把許多的涉嫌貪官的銀行戶口向銀行提出，要求銀行提供這些戶口的資料。當時真沒想到，原來有這麼多人正在接受調查。

　　有一位姓陳的教車師傅（姑諱其名），有天來找我，説要在我面前長跪不起，因為他想我為他保密，不把他的賬戶資料提供給廉政公署。當時立即想起也曾聽聞有些人的親身經歷，考取駕駛執照應試之前，先要放 300 元茶錢在考牌官的文件夾裏面，以求獲得考官的“關照”。這個陳先生四、五十歲，兩手顫抖，雙唇發白，明顯是受了很大的刺激。他當天的苦苦哀求，講述淒慘的身世，又怕累及病榻上的年老高堂，聽得讓人心酸。可是愛莫能助，應該要報的資料還是要報，不得有任何隱瞞。1975 年在我們行裏也曾經發生有一個師兄在股票部出事，是當場被警員押走的。

　　廉政公署的威力在 1975 年已初見成效，為香港的公平競爭的營商環境奠定良好的基礎。廉政風氣開始影響大家的思維，某些人不能再用旁門左道而取得不應得的利益。當時大家都害怕聽到的一句話：某某的財富與收入不相稱，被請到廉署喝咖啡了。即是某某被廉署人員帶到廉署接受調查。

滙豐當年工資福利待遇優厚

當時身為滙豐的員工，工資水平還算不錯。一個地區專員的收入有多少呢？做見習生，月薪 1,650 元。沒多久，上調 10%，再加 100 元，變為 1,910 元。升級後，馬上又加 1,000 元，變為 2,910 元。那時候，可以說是人上人了。可能只有政府部門的政務官比我們高，其他銀行是望塵莫及的。滙豐還有員工低息貸款買房的福利，利率 2%，額度是工資的一百倍，在 1975 年，二十萬元可以買到六、七百平方呎、兩房的二手房，算是不錯的了，起碼安居樂業不成問題。

但是好像從那個時刻開始，大家覺得銀行的工資調整比較外間總是慢兩拍，不敢帶頭。銀行的薪酬政策開始有變化，加薪的幅度逐漸走在別人後面，此消彼長，慢慢失去過往的領先地位。到今天，已經是市場眾所周知，滙豐工資偏低，是對手挖人的好對象。這大概也有可能是因為滙豐在 1975 年推出叫做 IMIS 的管理資訊系統，這個在當時銀行業來說是首創的系統，為財務管控提供了先進的工具與技術。

專員是沒有超時補薪的，其他員工超時工作就要補薪。結果專員手下的主任，在繁忙崗位上經常加班的，工資肯定要比專員還多。所以年終某些主任有機會獲提升為專員時，算算划不來，一般都會拒絕升職。而且上面有個專員扛責任，不是更好嗎？這當年也是一個有趣

的現象。主任（Supervisor）分初、中、高三級，一般中級主任的工
資，即使不計算過時補薪，已經比新到任專員的工資還要高。

第 12 回　**本地專員**益受重視

　　1975 年海外培訓歸來，5 月 1 日正式被委任為專員。從總經理包約翰（John Boyer）手上接過委任書，滿懷自信，帶着燦爛的笑容，開始專員生涯。適逢其會，香港華資企業冒起，本地專員參與業務的空間也隨之擴大，本地專員這一支隊伍更乘時而起，一個時代隨着大環境而改變，與當時香港經濟結構的轉型有着緊密的關聯。

　　出任專員拜會的第一站是總行儲蓄部，去見梁哥頓（現已過世多年）。梁兄一向和藹可親，不拘小節。當時我想去洗手間整頓一下，問他要了鑰匙。原來滙豐的洗手間分三種，一是給普通員工的，地方最大；二是給一般專員的，較小；三是給大班用的，銀行裏除了"大大班"之外，還有幾個大班，幾個大班的辦公室分佈在不同樓層。跟梁兄同一層樓的大班，很客氣地讓梁兄共用他的大班洗手間。

　　承梁兄雅意，既來之則安之，用鑰匙打開這個給大班用的洗手間。裏面並不豪華，站坐各一，只是洗手盤旁邊有兩條毛巾，邊上有英文字母識別，梁兄的是 GPCL。正看得入神，冷不防有個外國人推門而進，他有點驚訝，朝我細看，臉上沒有一點笑容，張口就這一句話：Name and Rank（名字與級別）？毫不客氣，也是變相下逐客令。我不假思索，回一句：王某某，第一年。因為我當時還沒有級別，所以年資就是我的級別，這一天是出任專員的第一天，所以就叫第一年。說完後我推門而出，頭也沒回。後來這個老外在退休那天，我倆正巧一起用洗手間，我跟他說起這件事，他笑說已經記不起了，我說：沒想到二十多年後，大家終於可以名正言順共用一個洗手間。我

55

故意強調了名正言順這幾個字，臉上帶着微笑。能夠名正言順地使用這種洗手間，是身份的象徵。

　　還有一種身份象徵，就是每個專員都有印好自己名字的便籤紙，放在自己辦公桌上。我還特意買了一支萬寶龍粗嘴墨水筆，用來寫便籤，再加上自己的簽字，那真是完美的配搭。凡此種種的所謂身份象徵，其實都是滿足一種虛榮心；不過，是要有這種虛榮心，人才會有更大的動力，把自己向前推。滙豐銀行深明此道，行事作風，制度設施，階級壁壘分明，引得眾人力爭上游，施展渾身解數，非得要摘下吊在眼前的胡蘿蔔。

專員餐廳 7th Floor Mess

　　即使是吃飯這種日常事，也可引發虛榮心。因為作為一個專員，最讓人興奮的其中一件事情，便是可以上總行 7 樓吃飯，這是一種身份的象徵，在電梯裏按一下 7 字，大家都知道這個人不是普通員工，能進 7 樓的，肯定是專員。

　　滙豐老大樓 7 樓餐廳，遠近馳名，大家都叫它 7th Floor Mess，因為是專員們用的，所以也叫 Officer's Mess，因為從不對外開放，所以對許多人來說，它具有強烈的神秘感。吃飯時大家可以聚一聚聊聊天，這種機會平常不多，所以這個餐廳的使用率很高。這裏的食物豐富但不誇張；裝修不豪華，但有英國味道，木頭傢具配絨布面料，牆上掛着那些清朝人物的油畫，帶有嚴肅的氣息。每樣東西怎麼吃都有一套規矩，餐具很講究，刀叉碟子上面刻有滙豐字樣。吃完飯簽單便可，簽的號碼也有身份的分別，是姓名的第一個字母再加按資歷排的編號，我的簽單號碼是 W6，W 是王，6 是我的排序。我是否真的排得這麼前，自己也很懷疑，有可能是有幸填補了前人的空缺編號吧。還有，各專員喝酒要輪流結賬，也是滙豐一種傳統。

滙豐有深厚而又遠近馳名的"吃的文化"。第一，吃得簡樸；第二，西式為主；第三，着重傳統；第四，吃得文明。說簡樸，不是指每天鹹魚豆腐，只是菜式不多，每天一道主菜。星期一多數是魚，左口魚之類，不會有龍蝦鮑魚等的貴價海鮮。星期二、三是牛、豬、羊等肉類，吉利豬扒經常出現，也經常會有讓我不可抗拒的威靈頓牛扒，外面那層薄餡，烤到金黃色，透出陣陣肉香，還有英國鄉村特色的牛肉牛肝餅。星期四是吃咖喱的大日子，大概因為滙豐早年進軍亞洲，對於食品的香料有難以抗拒的嚮往，定

香港滙豐舊總部大樓 7 樓專員餐廳。
（圖片來源：滙豐銀行亞太檔案室）

下星期四為咖喱日，配料可真豐富，雞、蝦、牛、羊、豬等每週輪流登場，各有特色，其中以咖喱蝦最為馳名，更可打包外賣，讓家人也可分享滙豐吃的文化。星期五多數是中菜，不過亦是一道而已，多數是咕嚕肉，腰果雞丁之類，哄哄新來香港的外地專員而已；不過我們也不介意，反正午飯好像是三塊五毛錢吧（1975 年的標準），可以説是價廉物美。

　　滙豐吃的文化中，不可不提到乳酪，香港按音譯成芝士。乳酪在飯後才吃，配咖啡或茶更好。乳酪放在盤裏，整盤上，隨意挑選。不過滙豐的規矩，當然也是西方規矩，食物拿到自己盤子裏，必須全部吃掉，如果吃不下，就不要貪心多拿。否則剩下在盤子裏，一點點也就算了，剩得多，別人總會給你那種冷峻而又鄙視的眼光，叫你不好受。

　　7 樓的夥計叫 Mess Boy，Mess Boy 只負責提供飲食給專員，多數有多年的經驗，如何捧盤子，從左邊上菜，有規有矩；對當日主菜作簡單介紹，有紋有路；甚麼時候拿單子過來簽字，都有一套規矩。穿着白色制服，當值的 Mess Boy 互相不能有私人對話（private talk），不像今天在外面吃飯，食客與食客聊天，服務員也與服務員講話，餐廳裏有如百鳥歸巢。Mess Boy 在星期六自動來到每個部門問各個專員喝甚麼酒水，十二點後捧來，喝完才下班。

　　本地專員的滙豐基因，除了 7 樓餐廳吃的文化，還有念舊文化。要有念舊文化，先決條件是要夠舊，滙豐 1865 年在香港及上海同年創立，香港三月成立是兄，上海是弟，四月成立。

念舊文化盡力"不退票"

滙豐的念舊文化，第一是對文物的保護，滙豐在世界各地收藏的文物，後來都送到倫敦集中管理。倉庫中各式各樣的收藏，是不可思議那般齊全，還有各樣文物歷史的文字解釋，真是令人佩服。第二是對於已退休的同事，一樣也有牽掛。記得多年前，上海分行經理收到總部的指令，要他前去某墓地打掃，原來三十年前有個外籍經理葬在那裏，這是滙豐對員工的一種念舊文化。第三是對客戶，長期保持良好的關係，即使今天做生意的客戶已由新一代的人接手，但滙豐也不會忘記之前老一代的生意夥伴。

滙豐對客戶的關係特別重視，一直以來與客戶一起在香港成長，不會因為是下雨天就把雨傘收起來，反而在方方面面都希望給客戶多一些照應，希望有困難的客戶能夠渡過難關。記得在分行做主管時，每天的挑戰莫過於中午之前一定要做好的退票手續。退票本來是很簡單的事，客戶開出的支票昨天給受票人存進戶口，今天這張票經過票據交換所來到了我行。如果開票客戶的戶口存款不足，開出的支票便變成一張"空頭支票"，銀行有權退票，不予支付。不過一經銀行退票，這個客戶的信用便會受到很壞的影響，所以滙豐總是希望退票的事可免則免。

不退票的話，等於是幫了客戶一個大忙，客戶是會感激的。不過如果開出支票的客戶真的沒有錢，我們給出去的錢也是駟馬難追，收不回來的，這樣我們就要背上一筆壞賬了，所以這並不是一件容易處理的事。我們的工作就是要去找客戶了解情況，在這方面滙豐可算是念舊的，只要跟我們來往時間長了，大家好説話。滙豐員工是不會死板板，稍為過額，馬上退票。這種處理退票的方法，便可以看得出滙豐當年的取向，還是以體諒為原則，能幫的總想幫。

滙豐的念舊文化還有第四個方面，就是對過去曾經擁有的大樓總是抱着一種緬懷的態度，能夠購回便購回。在中國不少的大城市，都有滙豐的舊大樓，銀行大班到了某個城市，如果當年的舊大樓還在，一定會去看看。不僅是營業大樓，連當時經理的舊居，都會打聽在哪裏。

滙豐非常重視保留傳統，不願偏離。滙豐訓練出來的員工，做事總是有板有眼，有紋有路；一眾專員，很容易被人認得出來，同一傳統，帶給大家相同的思維、類同的行徑。接受同一培訓過程出來的一批本地專員，紛紛落戶各間分行、各個部門。滙豐的傳統塑造了這一幫專員的行事作風，同時也是這一個專員團隊薪火相傳，將滙豐的悠久文化傳承發揚。

第 13 回 滙豐文化的軍人氣息

　　1976 年回到總行股票部，不用上夜班了，負責處理股票追息，才知道香港有這麼多人買了滙豐銀行股票，因為來不及轉名而收不到股息，過期後再來追回股息。工作看似簡單，其實有很多奇難雜症，不少事隔多年的，交易記錄很不好找，涉及金額又大，稍有差錯，銀行損失可能以千萬元計。

　　這也是第一次的頂頭上司是位負責人（Accountant）的主管，這位狄左恩綽號叫"阿牛"，走起路來往前衝，講話如蠻牛發脾氣，不苟言笑，每天端坐透明玻璃辦公室內，外面甚麼事都一目瞭然。這個老大的規矩很簡單，早上十時前看報紙，喝咖啡，不准打擾。同事拿着文件在他門口徘徊，一讀再讀，再戰戰兢兢把文件放到他秘書桌上。十點正，秘書把文件捧進去。

　　他簽文件的規矩更特別。第一，三份待簽文件他一般只會簽一份；第二，不簽的文件只是寫一個大叉；第三，不簽的隨地一扔；第四，全部文件十二時前都一定看完，換上眼鏡 7 樓去也，先在酒吧喝一杯，聊聊天，十二點半左右，坐下吃飯。散落他辦公室內地上的文件，他的秘書通常不管，因為她只管桌面上的。

　　看他一走，大夥兒趕緊衝進他的辦公室，手忙腳亂把自己的文件找出來。也有全軍覆沒的時候，沒有一份獲得老大的簽字。我的經常給打回頭，只怪自己學藝不精，英語修辭欠佳，看着大交叉，重頭到尾再讀一遍，雖不至於垂頭喪氣，心中沮喪不可避免。有一次，破天荒還有他的批示，就這幾個字：請用英文。我寫的不是英文嗎？難道是法文、德文？年少氣盛，差點按捺不住。正巧綽號叫"棉花佬"的部門老二葛頓經過，這是好人一名，自願幫忙代我重寫，希望我能過關。第二天早上，把"棉花佬"改好的文件送進去，換回來的還是一個大交叉，不過再多幾個字：你以為這是英文？挺有冷幽默的。來回幾趟後終於簽出來了，但還是不知道之前幾稿到底有甚麼問題，就是不簽，讓人多番折騰。

　　心想，這也沒甚麼大不了的，工作總會遇上一些挫折，最重要的是平心靜氣，要學會"經一事，長一智"的道理，將來得益的終歸還是自己，在漫長的路上，這些正好是自我鍛煉的機會。在股票部的日子不長，不過認識了好幾個同期的專員，大家在阿牛的折騰下，相互關照，後來都成為了好朋友。

　　在這種像阿牛做負責人的環境下，人"鬼"一樣，待遇平等，大家都經常吃阿牛的大交叉。這時候結識了不少國際專員，這些老外及西洋人年紀輕輕，已經要在國外到處跑，一個電話指示，立即有人幫你整理行李，馬上動身，遵命調派另一個地區。最不好處理的是家裏小孩，讀書進度很容易被打斷，太太也不方便，新地方還沒適應，又要搬家。國際專員是滙豐特有的架構，全球有四百多人。當年在香港的老外幾乎全都屬國際專員的隊伍，兩、三年換一個崗位。表面看來以為是優差，其實有苦自己知，工作壓力特別大，弄得其中不少人都有點神經兮兮的，頗有值得同情的一面。

一人一分鐘做一張單的觀塘分行

1976年獲調派全港最繁忙的觀塘儲蓄部，經驗尚淺的我既興奮、又緊張，因為這一間分行有十六個櫃員，高峰時每日可做五千單提存款，平均每人可做三百單，最快的三百五十單。每天七小時計算，差不多是一分鐘做一單，效率之高，令人咋舌。有幾個"雙槍女將"，左右開弓，一手按着存摺，一手打機，回頭一手付款。銀行大堂裏五、六百人排隊，人頭湧湧，眼睛都死盯着櫃台裏面，恨不得自己衝進來動手。

有時交易量太大了，電腦死機，就更不敢想像。整個時空好像凝固了，兩批人馬對峙，大家屏息以待，如臨大敵一觸即發。我做主管的，像餐廳部長那樣，拿着紙筆，一個一個櫃台問，要多少鈔票補倉，五萬一百元的、三萬十元的，全記下來，拿着自己特製的竹簍取錢回來，裏面全是一捆捆的現鈔，再逐一分發。吃中飯哪敢離開，每人派發一個飯盒，就在櫃台上放着，邊吃邊做，客戶也不介意，最要緊快。香港特色，快，快，快。

觀塘分行附近工廠林立，工人數以萬計，每月發工資數目龐大。對銀行來說，工資是很好的存款來源，為了搶存款，我們率先推出自動轉賬（Auto Pay）服務。先跟工廠說好，工資先存進銀行，我們接着給工人開戶口、發存摺，工人憑存摺來銀行領取工資，工廠可以免除準備大量現金的麻煩。為了避免工人在同一天來銀行，工廠發工資的日子盡量分隔開，如此一來，每天都有工人進出銀行提取工資。可惜的是，當時的工人不習慣把錢存在銀行，一發工資全部取走，很多都是只剩下一元港幣的最低存款，我們希望利用自動轉賬吸收存款的方法，結果並不理想，反而給分行製造了大量的工作，每家分行都是忙得不可開交。

對我來說，觀塘分行還有不少學藝的好機會，其中之一就是讓我學會"聽"的重要性。當時我的辦公桌上有個對講機，接通樓上的老外經理，他一按掣，我這邊"笛"一響，馬上便要應對，一天不下四、五次。有次"笛"一響，經理說："沒甚麼，看你在不在。"不久又"笛"一響：麻煩你拿那本儲蓄總賬簿上來。在滙豐工作過的同事都會記得，那本總賬簿起碼十斤以上，重得要命，馬上叫人送上去。不到幾秒鐘，沒想到笛聲又響，馬上回應："Yes，sir"。那邊的經理說："我是叫你把那本大簿拿上來。"原來是叫"我"把東西拿上去，不是讓我叫人把東西拿上去。

如果聽得準確，便不用多跑一趟，只好怪自己沒有學好"聽"的功夫。相隔三十多年，今天辦公室的情況也沒有多大的改變，大家"講"得都不錯，可是"聽"的功夫卻有所不及，往往都還沒聽清楚，就已經開始回應。回電郵也一樣，看都沒看懂就回，往往誤會多多，費時失事。在講效率的時代，低效是罪過，可是低效大部分是因為信息接收不好而造成。先學聽，再學講，這是很簡單的道理。可是不少人只會講，不願聽，這才是問題的根源。

第 14 回 "銀行多過米舖" 的年代

　　1977 年，我被調派滙豐集團的中央會計控制（Group Central Accounting Control，簡稱 GCAC），從業務部門轉到內部技術部門，將要成為一個"技術官僚"。有集團，又有中央，再加上控制，這個部門名字的確引人矚目，我知道已經到了核心的核心，在滙豐的學習又上了一個新的台階，將要面對的是如何從會計角度來管控銀行業務的運營。

　　當年不少滙豐專員或學員都到過這個部門。GCAC 處理銀行 CIF 體系中各種提存款票據，作為內部交換。來到 GCAC 的票據，每天有幾萬張，先去 Central Proof 上磁，以便電腦讀出賬號與金額，再經 Group Data Entry 打入系統核對。電腦處理後，由 GCAC 統籌核賬，再由電腦過賬作實。當年銀行公會的票據交易所由滙豐主管，也屬滙豐的部門之一，處理其他銀行的票據，功能與 GCAC 大同小異，每張票據經過交換，回到所屬的銀行過賬。兩個部門共用同一電腦，不過獨立運作，保持一臂距離。

　　部門主管安柏架（Andrew Parker）年紀輕輕膽子大，沒多久便把我提升為副手，做部門的老二，這個老二管的人不少，全都跟電腦間接或直接有關。這是我當專員的第五年，已經坐在自己辦公室內可以轉動的真皮椅子上，這就是當年師兄談化口中的阿 Sir 了，真有點飄飄然，不過這種飄飄然的感覺沒多久便被自己徹底排除。我的工作是要監控滙豐的電腦系統，保持穩定支援前台的工作需求，萬一系統有甚麼問題，立即追查原因向總行負責人彙報，務求對客戶的不便減至最小。問題來了，因為我對電腦操作了解不深，甚麼硬件、軟件，都是一知半解，只知道機器是硬件，程式是軟件。系統出了故障，向電腦部同事了解，但他們用的是一套技術語言，我怎麼聽都不明所以，硬着頭皮向總行負責人彙報，有時説硬件壞了在修理，有時説軟件出問題在補救，只求過關，下次再説。

可以犯錯但不能一錯再錯

冷不防總行來了位新主管白賴恩（Brian Lyon），綽號"獅子"。有一次電腦系統出了問題，我按慣常方法隨便一説，甚麼線路有點小毛病，總之是硬件不妥，很快可以搞定。沒想到他再問一句，硬件哪部分不妥？一下子不知道如何回答，心一急，胡扯一句：就是那個IBM3790，接駁出了問題。電話那頭輕輕説了一句謝謝就掛線了。

沒多久，他老人家找上門來，手上拿着一張線路圖，上面清清楚楚註明各樣圖形代表甚麼，相互間如何影響。他説 3790 是分票據的機器，不會影響電腦系統的運作。到底是哪裏壞了，出了甚麼問題？因為自己一知半解，一時答不上嘴。

更沒想到他會紆尊降貴跑到我這裏，仔仔細細把問題説清楚，而且並沒有怪責之意，講完，面上帶着笑容，輕鬆走出我的辦公室。他這種認真而且尊重別人的態度讓我十分感動，原來也有上級是願意分享經驗，而不是隨意打上一個交叉了事的。

那一次的經驗不是味道，心想蹉跎也只能蹉一次，馬上申請到電腦部調研學習三個月。後來老大休假一個月，要我替補他的空缺，那時候已經打好根基，應付自如。滙豐就是這一點好，願意給人機會，犯錯，沒甚麼大不了，只是不能一錯再錯。

還以為要變成技術官僚，以後都是跟電腦一起過日子了，沒想到 1978 年又來一個九十度轉彎，人事部又讓我回到業務部門，出任希慎道分行經理。這分行有六十多人，而且還有進出口業務，是一家全功能業務的分行。位處銅鑼灣商業區，人流旺盛。這是一個好機會，讓我獨立處理日常工作，同時可以運用書本上的管理學。心想要營造團隊精神，有事情管理層有商有量，在這裏我準備踏出"改革開放"的第一步。

1977 年 9 月上任的新董事長沈弼衝勁十足，準備擴軍海外，部署亞洲、歐洲及美洲三腳凳戰略，務求把滙豐從地區銀行轉變為國際金融機構。在香港也一樣，滙豐走的路線是以快打慢，迅速擴大分行網，目標起碼要翻一番。開分行幾乎是每週的項目，東開一家，西開一家，就在銅鑼灣，不到五分鐘的路程就有七家分行。銀行多過米舖的說法，由此而來。

擔任分行經理破除"風水"困擾

我在希慎道分行擔任經理，第一件事必須要打破一些牢固的傳統思想，其中一樣就是這家分行的"風水"問題。我之前其中一個經理就是在任內死於心臟病，其他同事也有不少得病的，還有同事家裏出事，一時間人心惶惶，都認為這分行風水很有問題。我不懂得風水，不敢亂説，只是按一般常識來分析，一個地方長期失修，看上去總是陳舊不堪，燈光不足，在裏面工作的人心理上自然不會舒暢，長期心理的不舒服自然影響到身體犯毛病，逐漸的大家上班意慾降低，沒有工作動力，只要是小毛病，就會覺得大毛病迫在眉睫，惡性循環，大家都覺得容易生病，於是乎就認為是"風水"出問題了。風水不好，自然業績不好，業績不好自然沒錢裝修，環境更差。大家被捲進一個不良風水的漩渦裏，無法脱身。我看一定要破除這種想法，才能改善業績。於是上書分行管理部主管詹金寶，請求撥款把第一個核心問題解決，立即啟動裝修。沒多久，分行煥然一新，而且還按香港老規矩，裝修好之後用金豬慶祝，上香還神，祝願大吉大利。

　　改善業務是第一要務，我自己抓個人貸款，因為當時大家開始對香港前景有信心，置業活躍，帶來很多個人貸款的機會，每天如同醫生看病那樣，客戶要排隊進來跟經理談貸款，生意好得很，一下子業務衝上去，令人刮目相看。

　　1979 年，香港地下鐵順利開通。同年，長江實業收購滙豐手上的和記黃埔，雖然有人評論滙豐賣得便宜，可是滙豐也賺了不少，藉機補充資本金，做好在美國發展的準備。滙豐可以説製造了一個雙贏局面，更重要的是為華資企業鋪墊了一條發展的道路。對香港來説，長實這一次的收購具有深遠意義，代表本地華資的冒起。

　　同樣，在滙豐銀行裏，我這個本地專員，憑着短短六年銀行經驗，就讓我出任一家有進出口業務分行的經理，這是很不一般的情況。就以我的前任為例，他是比我年資高二十年的布特羅，也是銀行裏西洋人中的重量級人物。當然，我心裏清楚得很，就是因為找不到合適的人頂替即將退休的布特羅，所以才把我拉過來，廖化作先鋒而已。不過，這一安排，也可顯示出滙豐銀行對本地專員的團隊，開始有更大的期望。

第三章

動盪之中重建信心

受到中國大陸改革開放的刺激，

許多工廠搬到深圳特區，盈利大為改善。

同期間，香港前途的中英會談時有爭議，

香港人對前景的信心也隨着各種爭論而忐忑起伏。

這時期商機湧現，經濟高速發展，

而政治前景卻又陰霾密佈。

1982 年9月，英國首相戴卓爾夫人到北京與鄧小平商談香港前途，從人民大會堂出來時踹了一跤，之後雙方罵戰持續，1983年5月港元匯價跌破七算，同年9月英方提出"主權換治權"不獲中方接受，局勢更急轉直下。9月24日黑色星期六，港元急挫至九點六元兌一美元，敏感的香港人，最直接的反應就是衝入超級市場搶購日用品。1983年10月15日，香港政府頒佈聯繫匯率。

滙豐為了顯示對香港的信心及承諾，1981年拆卸原有的總部大樓後，決定投入五十億港元在原址重建第四代新大樓；又率先推出多項革新措施，尤其是迎接新科技年代的多項重大改革。

雖然中、英爭吵不停，香港的經濟還是反覆向上發展。買車成為時尚，週末美其名曰帶着孩子遊車河，其實自己想開車過過癮，從沙田走馬料水"高速"到大埔，再經粉嶺到元朗，買盒恆香老婆餅，再由青山舊路到深井，右邊是嘉頓麵包，左邊是生力啤酒，在裕記找張小桌，先來半邊燒鵝，還指明要左腿，大家都說燒鵝左腿嫩一點，加碗瀨粉，抹抹嘴，摸摸肚子，真不知人間何世。

香港總體經濟是在改善中，但通脹的壓力也逐步浮現，利息是每週必加，而且來勢洶洶，房貸利息直線上揚，達到20%以上，買房的貸款要還五、六十年，要負背一輩子的債務，但樂觀的香港人處變不驚的還是佔大多數。

第 15 回　率先推出 ATM

　　前幾年股市低迷的情緒，已經被香港人放諸腦後，大家開始恢復信心；更重要的是順應中國改革開放的形勢，利用深圳臨近香港而又勞工充沛的優勢，不少的廠家把廠房搬到國內，廉價勞力把各廠商的眼球牢牢吸引住，經營成本馬上下調，廠商的現金流改善，市場自然資金充沛。對銀行來說這是一個契機，搶客戶是當時的第一要務。

　　在當時亦處於飛躍時期的科技發展的配合下，滙豐銀行窺準時機，推出新一代的自動櫃員機（Automatic Teller Machine），即是其後大家所熟知的 ATM（當年在滙豐這一種提款機上使用的叫做 ETC 卡），1980 年 4 月 1 日，首先在總行及我當主管的希慎道分行率先應用，其中一個原因當然亦是因為我的爭取，願做領頭羊，同時也是學習心態的驅使，想學習這東西到底是如何操作。師弟陳雷曼負責這個項目，從旁協助，順利上線。當時招徠不少客戶，想試新機，分行門口一時間非常熱鬧。

　　自動提款的機器，其實之前也有，我們叫它現鈔提款機（Cash Dispenser），那是 NCR 廠推出的提款機，操作原理與 ATM 的其實都是大同小異，客戶塞進機器的提款卡經過核實之後，機器便將現金輸送到提款機出口，客戶取錢。不一樣的地方在於以前的現鈔提款機，每次可以提取款項的金額固定，不能隨客戶要求而改變。因為現鈔提款機是預先用一個信封把錢裝着，裝多少錢已經固定，不能隨客戶意願更改。雖然是固定金額的兩百大元，亦足夠應付一般需要。當時的設定是 24 小時日夜都可取款，每天只能取款一次，不過只要過了午夜便算另一個 24 小時，就可再次提款。

　　舊的現鈔提款機操作上比較簡單，每個信封在客戶取走之前，是相連的，看起來像一卷大的衛生紙。當年銀行因為要推新的藍色五十元新鈔票，用人手把這些新鈔四張一疊塞進每個信封裏，然後把整捆的信封放進提款機內。每個信封四四方方，大概是四吋平方，像電腦紙一樣，兩個相連的信封之間有針孔相隔，方便撕取。當年或許有人曾經這麼想，也許曾經這麼做，當信封出來的時候，以為盡快使力拉，希望把相連的信封也拉出來，豈不是可以發一筆橫財？只是這種念頭，從來沒有人實現過。

　　現鈔提款機的提款卡與今天的 ATM 卡大小沒有兩樣，上面有姓名、戶口號碼，一應齊全。提款卡在機器裏經過一張碳紙，壓在一張硬咭紙上，數目不容抵賴。當然也有賴數的，其中一次，有個客戶硬是說他的卡從未用過，懷疑是我們內部有人複製另外一張卡，從而把錢提走，要求我們賠償。可是我們機器上確實有記錄，甚麼時候在哪一部提款機上用過，清清楚楚。後來我們又把他的卡送去 NCR 公司化驗，根據卡上的磁帶記錄，驗出那張卡在甚麼時候用過。不過對付這種不講理的客戶，是一種學問。明明是他不對，還強辭奪理，可是為了銀行形象，我們也不會把事情弄得太僵，讓他下不了台。

　　新的 ATM 機可供客戶提款的數額加大，次數也靈活得多，的確方便不少。而且操作系統精確，幾乎可以說絕不會出錯，減少客戶與分行之間鬧意見的機會。更重要的信息是滙豐正在積極推行自動化，因為分行數目經過多年迅速增長，當時已經要超過 300 家了，經營成本與人力的需求對銀行產生很大的壓力，滙豐看得出銀行業務需要自動化的趨勢，開始默默佈置"改革與開放"，希望在新的一浪經濟快速發展的歷程裏，繼續領先。推出新的 ATM 機，也給我們分行帶來新的動力，覺得自己跑在別人前面總是件好事。

有了 ATM 機，香港銀行業的服務進入一個新時代，可是要推廣並非易事，開始時大家對 ATM 機的可靠性還是半信半疑，以前每次提款只是 200 元，如果遇到機器故障或任何"閃失"，損失還算有個限度。因為害怕出現意外，雖然可以提款的數額大為增加，但一般人都抱着試試看的態度，每次取款還是限於 200 元。

大俠"楚留香"也用 ATM 機提款

希慎道分行在銅鑼灣鬧市，為了吸引客戶眼球，我總是在午飯時候，站在機前"真人秀"一番。為了增加別人信心，我故意多取一點，手上一疊鈔票，數都不數就放進口袋，引來不少艷羨目光。一方面，財不可露眼，能夠在機器裏取出一疊鈔票，有點像大戶。另一方面，大家不太懂如何操作，看別人用 ATM 自然看得過癮。不過，也有人在銀行外 ATM 取款，又趕緊跑進銀行內把提出來的鈔票又存回去，順便把戶口的結餘核對一下，看看銀行的機器是否不可靠。一時間人來人往，好不熱鬧。除了我們自己人做宣傳，銀行還用電影明星鄭少秋拍廣告，以"楚留香"大俠的扮相在 ATM 機取款，給我們的推廣不少助力。

　　滙豐銀行在 80 年代新的戰略部署，以自動化為主的發展策略，藉此減輕分行量化所面對的資源壓力，反而加強提升"質化"的服務；不再用"人海戰術"，而轉用以"客戶需求"為依舊的商業模式，用品牌來打入市場。滙豐銀行這個新的定位，給我的個人發展也帶來了新的契機。

　　轉捩點在 1981 年到來，科技服務部的老總施德倫（John Strickland），把我從分行拉出來，加入他的團隊，改為負責項目工作。給我第一個的項目，是用電腦化的流程印製客戶用的支票簿。施德倫後來成為滙豐的董事長，把滙豐推到一個新的高度。我有幸在他手下待過幾年，最大的考驗是腦子要轉得快，才能跟得上他那種快速的思維。

　　從施德倫的角度，讓我做這個項目實在是本人天大的面子；但從我的角度，真是要命的差事。我對電腦的認識還是非常有限。如何能擔大旗，負責一個一千四百萬元的自動化項目？可能因為在滙豐已經七年，承襲了滙豐傳統不畏艱難的精神，沒半點猶疑便接下任命。

　　以前是把預先印好的支票簿，用一種叫 Bradma 的打印機把客戶的名字加上去，更重要的是把客戶的戶口號碼加磁，方便電腦閱讀，然後準備好三本或五本，放在櫃裏等客戶來訂。新的印製支票方法，道理說起來很簡單，客戶可以指定自己的需求，經過櫃台職員在電腦終端輸入（後來可以經 ATM 輸入），再經過整理，送到支票製造的"工廠",用我"創造"出來的"系統",在支票上印名字、上磁,包裝好,再郵寄給客戶,前後不超過 24 小時。新的方法起碼省材料,又節省儲藏的地方。新的時代,要求大家省時省力省地方,以"省"這個字作為思考的核心。

當時給了我六個月時間,包括到英國及意大利考察印刷與切割的機器,當時別人還沒聽說過我們這種電腦化流程,有點茫然,也有點懷疑,可行嗎?不過讓我有機會出差,遠赴英國的溫徹斯特看印刷機,還有意大利米蘭看切紙機,一路上看看景色,了解風土人情,倒也樂趣無窮。只是,這一次出差也是我第一次領教施老爺的節約措施。出發前他已告訴訂票的部門,到倫敦有一種廉價票 Super Saver,大約便宜一半。可是位置在機艙最後一排,像我這種一般身材坐進去都覺得很擠,長途旅程很不好受。然後根據他的錦囊,從機場到火車站,買甚麼票,路線怎麼走,一目瞭然。還有在火車站旁,有個麥當勞,買個漢堡包,不然下一個站之前沒東西吃;一方面是體貼我,另一方面也是要我做苦行僧。回頭想,沒甚麼大不了,也可算是一種培訓,不過形式不一樣而已。

滙豐精神,沒有不可能,與今天國內不少企業的心態有點相近,不過兩者是有區別的,滙豐用的是理性的態度去建立辦事的"方法",而不是用感性的態度去尋找各種名成利就的"辦法"。其實只要沉得住氣,把流程細化,一步接一步,說真的,沒甚麼是不可能的。可是一般人的想法,看大不看小,小事不放心上,可是不注意細節往往就是失敗的根源。

　　當時我們印製支票的 " 工廠 " 在香港仔的利達工業大廈，幾個剛畢業的中學生，加上科技部的技術援助，不到四個月就把整套製造過程打造好，甚至乎，在隔壁大樓把技術複製了一套，給恒生銀行使用。這是我銀行生涯中光輝的一頁，這個轉捩點也把我推到銀行的各種項目上去。

第 16 回　新標誌 促進內部團結

1982 年英國前首相戴卓爾夫人到北京談判香港前途，在人民大會堂門外樓梯上蹿了一跤，香港回歸已成定局。有人趁機興波作浪引起暴跌，港元匯價在 10 月竟然跌到歷史最低：9.6 港元兌 1 美元；本地的恒隆銀行財政出現問題被政府接管；以前風光一時的港資公司佳寧置業陷入困境，股價大跌，終告破產。

港府推出聯繫匯率，以穩定市場。聯繫匯率有其歷史成因，70 年代的香港以出口帶動，由於港元在 1974 年開始自由浮動，港元逐步升值，香港的出口貿易一方面面對南韓、新加坡及台灣等地的競爭，另一方面又受到港幣升值的壓力，出口貿易陷入困境。香港經濟步入動盪期，通脹率逐步攀升，由 1975 年的 2.7% 升至 1985 年的 15.5%。乘着中英會談的變數，1982 年 9 月底港元創下 9.6 元兌 1 美元的歷史最低點，港府終於 10 月 15 日宣佈以 7.8 港元兌 1 美元的匯率與美元掛鈎，成為一種聯繫匯率。

與此同時，不少廠商已經趁國內的改革開放，勞力資源豐富、成本便宜，把廠房搬到珠三角，深圳東莞等地都是港商，當然亦開始有台商開設的工廠。香港開始出現空置工廠大樓，不少工人下崗待業，甚至變為街頭小販，賣點零碎東西糊口，市面氣氛變差，信心開始動搖，恒生指數由 1981 年高峰 1,810 點跌至 1982 年底的 637 點，香港股市繼 70 年代之後經歷第二次的崩盤。

對滙豐來説也是重要的年代。新的六角形標誌出台，當時我因為負責表格革命，順理成章參與了這個項目，新標誌的設計理念我因此

也比較清楚。設計師施亨利的設計理念，六角形中間四個三角形代表
銀行集團內的四個基本成員：滙豐、有利、中東滙豐及獲多利，獲多
利（Wardley）是一間投資銀行，四個三角形合在一起代表緊密合作；
其餘兩個三角形代表向外發展，一個指向東、一個指向西。如果再配
上之後的美國海豐及英國米特蘭，六個三角形倒是配合得絲絲入扣。
那時候決定用的顏色是深紅色，因為紅色有很多種，難以標準化。聽
說當時的主席沈弼（Michael Sandberg）用了一包雲絲頓香煙上的紅
色作為標準，以後就採用了這一種紅色。

門前六棵棕櫚樹寓意 "六六大順"

大多數人或許沒有留意到，滙豐銀行門口有六棵棕櫚樹，取其
六六大順的意思。滙豐的位址是在皇后大道中一號，所以在皇后大道
那一邊是正門，電車路這一邊其實是後門。當年在樹旁還有六支旗
杆，掛上集團各成員的標誌。

新的六角形標誌出現，代表滙豐進入了一個新的時代，在香港的
"香港上海滙豐銀行"變成一個載體，把滙豐集團其他的成員都納入這
個載體中，形成一個金融體系。

隨着新標誌推出，滙豐香港總行大樓重建計劃亦正式展開，舊大
樓在中環屹立近半個世紀，終於拆卸，只留下了美好的回憶。新大樓
的設計由英國科士打先生（如今已成為爵士）負責，在這個項目上整個
團隊超過三千人。滙豐大樓的重建，也可算是香港建築史上重要的事

件，因為滙豐總行大樓一直是香港的路標，坐南朝北，四平八穩象徵了香港的安定繁榮。

這一年，我進入滙豐銀行將近十年，專員的名稱已被廢除，我們不再叫做地區專員，改叫本地經理（Resident Manager），老外就叫國際經理（International Manager），後來還有另一類中間人，叫外派經理（International Secondee），比如說由亞洲各國調派過來香港工作，事情完成後就打道回府，不像國際經理終年在外。

年資也變得不那麼重要了，沒有第一年第二年之分，大家的級別改為用個英文字母來區分，由 A 開始，升一級變成 B，之後是 C⋯⋯一直到總經理 M。像一道天梯讓大家整天朝上望，越看越相信自己有機會。

1982 年，被派一件很不起眼的項目，負責整個集團的表格設計。表格是很多人容易忽視的事情，被派做表格的設計，有些人還以為我得罪了人，被整。我倒是樂觀的，因為這工作以革新為前提，目的是要把整個集團的表格統一化，這是對銀行業務有深遠影響的一件事。

六千多種表格減至三千以內

當年整個集團的表格，各式各樣有登記的，總共六千三百多種。無法正確說到底有多少，因為天天還有機會增加，而且不少是地方上製造的，不一定有送來總部登記。一看目錄便知道有很多重複，也有不少大同小異，可以整合的空間很大。

　　我這個工作小組，隸屬集團方法調研部，設在香港。由於總行大樓已拆卸，部門搬到鰂魚涌的工業大廈。部門老總是多年同事馬素，素有"神經刀"美譽。神經刀指其人刀法（指方向），大家都看不準，但他的腦筋轉得快，適合做調研。他給我們的指標，要把六千多表格減半，而且要人性化，用起來覺得"舒暢"，這等於搞革命，要把以前的全部推翻才行。

　　第一步，先去研究到底表格是怎麼印製的？印不是問題，切是問題，紙張的大小是以倍數來計算，平時我們用的 A4，就是 A3 的一半，也是 A5 的一倍。如果有一種表格是 A4 的四分之三，那只能用 A4 的紙，丟掉剩下的四分之一，但紙張成本還是以 A4 來計價，算一下，起碼 25% 浪費。如果整合一下，年終可省下上億元費用。

　　第二步，嚴格把關，沒有我批准，不准有新的表格。至於原有的舊表格，一經檢查，發現重複的情況相當嚴重，逐步整合可以減去一千種；再與研究流程的部門切磋，研究減省工序，又有機會把表格的數目再減一千種。

　　第三步，把現有的表格全部試用一次，檢查是否人性化。發現不少表格根本不及格。比如說，填寫地址的位置太少，字再小也寫不下；有些表格要求的資料太多，為甚麼要這些資料，每個程序都問清楚後，不需要的就減去，再按所需資料多少給予足夠的地方來填寫。

　　第四步，重新制訂紙張的規範。以前沒人管，用的紙各式各樣，有的貴得不得了，浪費。而且推行中央採購，多用的紙多買點。印刷的工作還是交給原有的廠家，不過經過嚴格的管理，種類減少，用的紙張重量恰當，比如說名片 150gsm 的就夠了，不用太厚的。還有不少部門用的表格還有不同顏色，一個小格子有個紅色邊，看上去好看，不過不合算，價錢起碼翻倍。一經把關，成本自然大幅下調。

　　一年不到，表格總數下調至三千以內，順利達標，而且表格全部經過測試，做過人性化改革。做好一份目錄，所有集團成員各一份，成為天書。用“小數怕長計”來形容這個項目最為恰當，每個環節講的都是小數目，但是把小數目加起來，就是大數目。結果是我們的印刷商頭痛不已，生意大減。這個老闆二十年後跟我在美國偶然碰上，提起當年往事，依然耿耿於懷。

　　西方諺語說：不要做成功的犧牲品。我在這個項目表現出色，結果被定型，變成項目專家。有甚麼項目，總會先考慮我。進銀行自然想做銀行業務，跟客戶打交道，吃吃飯談談生意，其樂無窮。如今變成項目專家，碰的東西甚麼都有，就是沒有客戶。時間又緊張，吃頓飯也要三扒兩撥，爭取時間幹活。“好”的一面是根本沒有時間去想，做完項目再說。

第 17 回 重建總行展示信心

　　滙豐在 1981 年拆卸總行舊大樓，準備蓋一棟跨世紀的新大樓。總行大樓的重建是滙豐集團近代最大的投資，不僅是金錢投入，而且對香港是一種承諾，把總行設立在香港，是表示滙豐已看準發展機會，決定繼續扎根香港。

　　總行各部門暫時搬到周邊地帶，營業及信貸部在華人行，現金部在金門大廈，出入口部在環球大廈，國際部在海富中心，技術部遠在鰂魚涌糖廠街。這段時間因工作需要仍要跨部門找人、召集開會，東西奔波，風塵滿面，好不辛苦，但心裏都是滿懷興奮，期盼早日搬進耗資五十億港元的新大樓。

　　我是在 83 年底，接過 "密令" 出任重建計劃的 "辦公室策劃經理"，因為原來的策劃經理賀彼德（Peter Herring）有事突然離職。給我的工作指引是要根據崗位之間的相互關係，把每一個重回總行的同事安置好。哪個部門在哪一層樓，這一層樓是誰坐這裏？誰坐那裏？哪個有辦公室、哪個該沒有？令箭在手，表面上好不得意，其實不然，憑我一個項目小組頭目，絕對難以擺平銀行那些大老倌，誰都想多一點資源，這樣不滿意，那樣不稱心，跟他們理論是以下犯上，輸面高過贏面。心想，我的滙豐生涯大概到此為止，就把它當作 "天鵝之歌" 吧。

　　首先要理解甚麼叫 "辦公室策劃"？書中講這一套東西的不多，我的理解是研究每個工序中各同事間的相關性，如何經過座位的編排而產生最大的工作效率。所以首先對整體的工作流程要熟悉，其次必須了解大樓的特色，利用空間，卻又不失寬敞舒適。

　　策劃原則有二：辦公室房間數目應減到最少，讓經理與員工增加接觸，促進溝通；如果確實需要獨立房間，只能放在大樓中間，以免阻擋外面光線投進大樓。這兩點原則都是違反香港一般辦公室的傳統設計，一般公司的老闆都會佔用大房間，而且靠着窗，有景觀也有光彩。滙豐這棟大樓的要求卻是相反的，其次，辦公室數目大減，比如

重建前的香港滙豐舊總部大樓。（圖片來源：滙豐銀行亞太檔案室）

說稽核部以前有辦公室四十間，如今進入新大樓，按規矩只能有三間。

　　當時的指引是不容許任何例外，全部按本子辦事。當然有人會辯稱，他的工作有私密性，一定要有辦公室才行，不過銀行工作全都是有私密性的。有人說要見客戶，但是可以用會議室見客，自己並不一定需要有辦公室。

　　這是一個充滿爭議的決定，要嚴格執行真不容易。況且，接到任命時大樓工程已經落後四十五天，每天的成本是二百多萬港元，不容再拖。幸好手上有尚方寶劍，董事長有令：不想搬進大樓的，自便，不用搬，以後也不准搬進來。試想哪有人不願意搬進簇新的總部大樓？只好乖乖就範。

如何減低辦公室疲勞

　　辦公室策劃自然也離不開辦公室傢具的配置，全部以價廉物美而耐用為原則，標準是可以使用三十年。還必須考慮人體工程學（Ergonomics），人體工程學出現在二戰之後，因為有大量重建工作，專家把這種研究人體與環境相互影響的學問引入辦公樓設計，用科學方法研究人體、用具與空間三者互動關係，讓辦公室人員得到空間、燈光、聲音與傢具最理想的配搭，同時考慮人體的生理與心理因素，研究結果證明可以提高工作效率。我們的考慮是如何不會產生辦公室疲勞症，比如說，我們坐的椅子，要離地多高，雙腳才舒服。辦公桌與椅子的高度相對應該如何？燈光從哪個方向來才好，而且燈光要多亮才對？空調的位置如何配合？我們設計的空調風口是從地面向上吹的，跟傳統的不一樣，而且風口位置可以隨辦公桌的位置而改變。

　　總行重建計劃分開有林林總總的項目，每個項目都有個負責人。我負責的是辦公室策劃，面對很大的時間壓力，兩星期要完成一層樓的設計。光是前期調研需要一星期，然後跟部門討論又用掉幾天，剩下沒有多少時間，幾乎馬上要拍板，交由建築師準備圖則，開始施工，一施工沒法走回頭，想改都不行。與部門討論時，給我添麻煩的一般都是部門老總，不外乎幾件事：他的辦公室第一要大，第二要靠窗有景觀，第三要遠離大眾，第四，爭取多弄兩間辦公室給他的下屬。

　　跟我議價的一般都不成功，原因很簡單。第一，辦公室大小有規定，地面是一格格組成，一格是 1.2 平方米，經理是三格乘四格，高級經理是四格乘四格或五格乘三格。多不行，少也不行。第二，辦公室不准靠窗，靠窗有景觀的地方要留給普通員工。第三，每部門該有多少個辦公室根據指引決定，任何人不得上訴。

　　三格乘四格比起從前小得多，又不在窗邊、沒景觀，辦公室傢具又不是皮製高檔貨，大家都有怨言，有好幾個急性子，談判不果，差不多要動武。有的採取閉關政策，跟我不見面，看你怎麼辦？有的採取放任態度，你歸你做，他說隨便，不跟你簽字確認。有的出去找人規劃，不用我的“服務”。這時候我出盡法寶，目的只有一個：你簽字，我就走，以後不煩你。

　　甚至對辦公桌、坐椅，大家一樣有意見。但指令是全部統一，下至文員，上至高級經理，材料全部一樣，大小不同而已。辦公桌是根據建築師建議，由我到荷蘭去買的，講究功能性，材料長期保用，尤其桌面拿刀片用力刮也沒問題。坐椅也是同一家廠的出品，面料全是布的。去荷蘭訂貨的時候，看過這些傢具的測試過程，桌面任由人惡意破壞，安然無事。椅子一樣，怎麼搞都沒問題。當時也想不到，這些東西一用就是二十多年，到今天還像新的一樣。這種書桌不但材料好，還有前瞻的設計。桌面上的電線可以經過桌腳內藏的管道接駁到地面的電源，上世紀 80 年代初已經有這種設計，説它具備前瞻性一點不誇張。

　　當年滙豐總部大樓的費用比別人貴很多，但是用的材料的確精緻，不是名貴，而是實用。試想，一張椅子用了二十多年都不變形，而且仍然有時代氣息，的確是物有所值。

第 18 回　五十億港元的劃時代傑作

　　滙豐新總部大樓是劃時代的設計，蘊涵滙豐的文化傳統與對銀行業的遠見，也反映出這個團隊的能力與理念。整個大樓的建設過程中，有不少值得記載的人和事。

　　我的老上司史道登（Hugh Staunton）當時在貸款部擔任高級經理，很有滙豐那種倔強心態，他說行，如果你說不行，他肯定跟你沒完沒了，一定要幹成給你看。跟他商量辦公室位置時，我說他們幾位 "大佬" 就這樣安排吧，你坐這兒，他坐那兒。他說不行，硬把我的圖則留下，他要自己來規劃，老上司開口，就給點面子，但三天為限。三天後回去一看，圖則設計似模似樣，一張張桌子整齊排放，彼此間空位多了很多，非常寬敞。驚歎之餘，回過神來，才發現他把大樓中間真空的地方給用了，難怪他的辦公室大了兩倍有多。滙豐總行新大樓是個中空的結構，從地面到 12 樓，中間是空的，不懂圖則的容易有錯覺，以為中間真空的地方也是可用的樓面面積。當時我只得用典型的滙豐式冷幽默回他一句，我還得去找麻繩把桌子椅子都吊在空中才行。

　　新大樓講究透明度，就算有獨立的辦公室，前面是不能用隔音板的，只能用玻璃板，外面看一目瞭然，有點像金魚缸，裏面幹甚麼全給人看到，也不讓裝百葉簾。自然大家都不喜歡，但是董事長有明文規定，不按規矩，自動搬出新大樓，不用多說。記得香港老大對此不滿意，要見項目組老總，大家同級，雙方坐下，沒有任何客套，項目老大直接的一句話：我們從不跟董事長爭論的，對嗎？香港老大只回了一個字，大家就站起來，散會。作為秘書記錄會議內容，香港老大的這個字我不好記錄，後來還得花了一點時間才想出辦法把它"正確"寫好。

　　還有一個風水問題，大樓裏有一個角落，大家公認風水不好，沒人願意搬到那地方；有某些地點被外面其他大樓擋住，風水也不好。風水這個問題鬧起來沒完沒了，你一言，我一語，無法平息。結果出動香港某風水大師，實地勘察，在某些地點稍作安排，把問題全部化解。他的話有一句我記得特別清楚，他說滙豐這塊真是風水寶地，在這裏工作，肯定發。

名不虛傳的大師 Norman Foster

　　我在項目組兩年，只遇見總設計師霍士打（Norman Foster）一次，不過一次也過足癮了。有一次他來做介紹，講解高層管理的樓層（34 樓）如何設計。他先把設計的理念說一次，怎樣的顏色，怎樣的光線，如何營造威武而莊嚴的形象，如何製造神秘感，聽起來好像很簡單。他講解完畢，然後問大家準備好沒有，隨即把事先蓋上的布簾拉開，眼前看到的竟然就是他剛才說的那種感覺，跟想像中的形象一模一樣。大家互看了一眼，想法相信都一樣，這個人怎麼能夠把形象活生生地用語言給說出來？果然名不虛傳。

　　預算五十億元的總行重建計劃，最具特色的是大樓的超前性，要二十年後還能應付，甚至是超過銀行業務的需求。講起來有點虛，實際上卻是有板有眼的，有針對性而且是具備實效的。

第一，大樓的地板採用方格陣，地板下面是空的，大概有半米深，電線在地板下面走，如果要重新拉線，只要把地板翻開，重新放置便可。地板上的擺放有任何變動，地板下隨時可以配合，不花錢也不麻煩。地板上面有電線口，電線可以從這個出口，沿着書桌的腳走到桌面上，非常方便。

第二，天花板有隔音效果，雖然大樓用開放式，但個人講話聲音橫向不會走得太遠，不怕干擾別人。而且大樓的播音系統有"白色噪音"，用來製造一些人耳聽不出來的噪音，把講話的聲音"蓋過"。天花板的設計還可以防止煙霧蔓延，萬一局部位置有火警，朝上走的煙火，會被天花板的間隔阻擋不致擴散。

第三，大樓的照明有環保意識，只在需要的地方才有照明設備，滙豐大樓的用電量比其他大廈要省三分之一。同時在 12 樓朝南那邊有一塊大"鏡子"，橫幅跟大樓一樣寬，伸出皇后大道，大約五米長，可以調校角度，把陽光折射到大樓裏面，然後再折射到大堂，天氣好的日子，大樓裏都可以感受到自然光彩。

第四，防火設計獨特而又安全。防火指引都叫大家不要用電梯，走樓梯逃生，不要推，大家慢慢來。其實在那一髮千鈞的時刻，人人都十分慌張，有路就走，可是沒燈，樓梯又擠又黑，肯定有難度。這種"萬一"的事情，大家平時不會認真理會，到緊要關頭才知道危機四伏。滙豐新大樓的逃生方法非常系統化，每個角落都有安全門，可以推門向外走，逃生樓梯在大樓外面，不會沒光線，可以向上，也可以向下，每隔十層左右便有緩衝區，是安全地帶，可以等待救援。

第五，電梯的設計也很特別，客梯到不了每一層樓。設計原理是分開主流與分流，主流用電梯把乘客帶到主要的幾個樓層，而再由這個樓層向上或向下乘電動扶梯到想去的樓層。兩個主要樓層之間大概有七至八層樓，換句話說，電梯只停在五、六個主要樓層，然後用電動扶梯去個別樓層。大樓蓋好的時候，我們做過各種測試，結果證明這種設計是有效的。

第六，大樓裏的文件傳送，縱向有一套系統，可以經過軌道把文件傳送到其他樓層，不經人手。本來還有橫向傳送系統，可惜成本過高，給否掉了。

第七，辦公室的位置可以隨時變換，今天在東南角的第三格到第六格，一會可以"搬到"西北角某一點。因為辦公室的"牆"是一塊一塊的隔音板組合，從天花板掛下來，落在地板上，所以很容易就可以拆下來，掛到其他地點，一點不費勁。這種隔音板有特殊處理，防火，隔音，耐用。"可以拆走"這種特色當時傳到外面，以訛傳訛，變為滙豐的整個大樓都可以拆走，有心人士特意為此做文章，說滙豐已經準備好，"九七"一到便搬走。事實勝於雄辯，橫跨兩個世紀，滙豐大樓仍然矗立在皇后大道中。

其他特色還有不少，因為技術含量高，不容易明白，就不做表述了。必須強調的，最有價值的就是新大樓設計的前瞻性，落成近二十多年了，不少的設計特色，今天仍在領先的位置。滙豐大樓的內在的特色，從外面不容易觀察得到，不過可以去欣賞 3 樓和 5 樓營業廳的黑色大理石，由意大利進口，相信已經再不容易找到這種全黑色而有 A 級品質的大理石了，大理石的光澤與紋理，歷久彌新，十分罕有，可能是全棟樓裏最值錢的結構，不少國外的建築業人士特意飛來參觀。

第四章

時移勢易催化跨國發展

回歸已成定局，社會上蘊涵一種不安的情緒，

未幾 1987 年 10 月又遇上美國股市狂跌。

香港人紛紛放眼海外，引發大規模的人才外流。

此期間的滙豐，一方面加速本地新發展地區的網絡擴張，

同時積極開發海外市場。

1986 年 4 月，香港四大交易所合併為香港聯合交易所，成立統一的交易系統。1987 年 10 月 16 日，美國股市大跌 5%，拖累全球股市下滑；10 月 19 日，香港股市下午一個小時內跌近二百點，香港聯合交易所宣佈停市四天，10 月 26 日重開時，恒指大跌一千一百點，跌幅超越三成，這就是所謂的"黑色星期一"。

隨着香港回歸倒數日程的啟動，滙豐在香港的獨一無二的地位受到了衝擊。屹立中環的滙豐新總部大樓 1985 年落成，1988 年 8 月 8 日，相距不到五百米的中國銀行新廈封頂，樓高七十層，閃閃發光，都說它的三角形建築像一把寒光四射的尖刀，刀口正對着滙豐大樓。雖然只是坊間閒話，不過，不爭的事實是滙豐此後再不能"獨步天下"。

滙豐要淡出"準中央銀行"的地位，將其準中央銀行職能轉移到香港政府的外匯基金。滙豐迅速轉型為一家真正的商業銀行，一方面加速新發展地區的網絡擴張，同時積極開發海外市場，1987 年 12 月購入英國米特蘭銀行 14.9% 股權，由一家香港的本地銀行變身為世界十大之列的國際銀行。

成龍遠赴南斯拉夫取景拍攝的《龍兄虎弟》，電影中有一句對白，給當時的香港人做了一個很好的註腳：鷹的眼中是沒有國界的。面對移民潮，滙豐不能避而不談，但又不能示意鼓勵，最終定案是給"有發展潛能"的中高層管理人員安排海外工作。加拿大溫哥華是香港人移民熱點，便因為湧入的香港人的數量之多，被謔稱為"Hon-couver"（香哥華）。

第 19 回 新興市場搶灘備戰

隨着中國的改革開放，香港廠商陸續都把工廠搬到內地，與深圳毗鄰的新界地區人口迅速膨脹，屋邨大量湧現，銀行當然想到要爭奪這塊"新興市場"。1985 年 5 月，我剛完成總行重建的任務，立即獲派新界區經理，重作馮婦，出掌銀行業務。

新界分為四個區，大埔及元朗是老區，包括粉嶺及上水；屯門及沙田比較新的發展區，尤其是接近西邊的屯門，有很大的發展空間，沙田馬鞍山這邊也蘊藏發展先機。新界區共有四十三家分行，版圖之大，一時無兩，整個新界區絕大部分都是零售業務，沒有太多的公司業務。當時我們的據點主要在政府建設的廉租屋邨，因為當年滙豐銀行走的是大眾化路線，是典型的街坊銀行，業務目標就是要搶存款，把房屋貸款做大做強。

滙豐當時的策略有三點：第一，爭取開分行。採用全新的"車輪"戰術，一家較大的分行作為車輪的軸心，其餘十家八家較小的分行圍着軸心，形成一個車輪形狀的分行網。以沙田為例，沙田中心分行為軸心，其餘沙田區的分行圍着軸心，把所有在沙田的潛在客戶全部覆蓋。沙田中心做不成某一個人的生意，因為距離不方便，沒關係，還有周邊的分行可以做他的生意。等於說，總有一家分行讓你選擇，滙豐銀行要實至名歸的成為"每個人的銀行"。

第二，專注零售業務。滙豐認定新界就是個人客戶的天下，存款數目聚少成多，不可輕視。同時，從城裏搬進新界的人，除非住進政府的廉租屋，其他的家庭都要買房子，做房貸有無限空間，賺利息又賺手續費，還有保險衍生業務，利潤非常豐厚。至於面對企業的公司業務，由總行來兼顧，不用我們操心。

第三，員工年輕化。之前的一批甚麼哥、甚麼姐，無所事事，拿不出成績，就放一旁，讓年輕一代上來衝鋒陷陣。後來不少晉身中、高層的新梯隊成員，都是從這個時期新界區的木人巷打出來的。

開會寫報告的"四四"原則

當時新界區經理的辦公室在大埔，這個經理辦公室十分清靜，因為大家都不敢打擾，多一事不如少一事。在新界做事，素來習慣蕭規曹隨，以前怎麼做，今天就繼續那麼做，明天的道理也一樣。帶領這支隊伍打守勢足球，無法入球得分，必須要改。大環境在改變中，不進則退，必須全民皆兵，都出去拉存款，做房貸，不能把時間花在開會、寫報告。定下規矩，開會講話四個字，"簡、短、明、確"；寫報告"四乘四"，不能超過四段，每段四行以內。買房講的是"位置、位置、位置"，做業務就只有"服務、服務、服務"，緊貼客戶，業務準跑不了。服務靠人，管理者"以人為本"，不僅要會用人，還須會待人。用人的道理易懂，如何對待別人就不是人人都會，尤其在新界的同事，大多數個性純真，默默工作，管理者要懂得如何對待他們，把他們當作朋友。能幹的自然要提拔，不過，滙豐有一種特色，可以叫做"長幼有序"，大家論資排輩，誰資歷夠誰先上，別人不敢有異議。就算讓年輕的上，他也不想、也不敢，深怕樹大招風。如何應對這種

"讓賢"的守舊思想，煞費思量。

　　當時新界區的分行主管同事流行一種"流水飯"的午飯方式，大家約好一個地方，東邊在沙田或大埔，北邊在元朗，西邊在屯門，十二點開始，先到先吃，大家見面吐吐苦水，八卦一番，看看上面有甚麼搞作，一直吃到兩點多才結束，幾乎每天如是。我也不是反對"流水飯"這種傳統，就是不喜歡這種"放鬆"的態度。要一起吃飯，很好，吃完就應該各回自己的分行，因為分行裏還有其他員工在工作，需要有領導指揮。新界區分行有時候被人低看，有它過去的原因，現在由我掌舵，就要乘風揚帆，建立一種緊迫的態度，才能把事情抓緊來做，做出結果，在新界區銀行業務發展的歷程中，滙豐要做全行的領頭羊。

"Fire him" or "Fire you"

　　在新界做區經理、做"掌門人"，跟新界的同事相處，第一件事講的就是人情，有人情自然有道理；沒有人情，就沒有道理。當時我還算年輕，起碼比前任年輕十二年，在地方上講人情，根基不夠；這邊廂，滙豐把新界的發展視為重點，一點不放鬆，沒有表現就沒有人情。這些都是我頂頭上司畢富（David Beath）對我講的話，講的時候他手指距離我的鼻子沒多遠。畢富性子急，而且有個性，他說過，誰比他晚上班，就是遲到；比他早下班，就是早退；他的邏輯，就是道理。他對新界情有獨鍾，天天一早來電話問業務進展，誰做得好？誰做得不好？要是有哪一個分行業務總是上不去，他的名言就是：Fire him! 炒掉他的意思。跟他解釋新界講人情，不可輕易炒掉一個人。他總是快人快語，再來一句：Then fire you（那就炒你）。

　　新界的同事，一般是你急他不急，老同事彙報時還是那個老樣子，慢條斯理。利潤上兩個點，是因為房貸上了三個點，成本高一個點是因為你要我們多應酬，還加強語氣説明是我要的。眼前不少是年近六十的同事，想發作又發作不了，只好搖頭不語。不過也有不少年輕力壯的年輕梯隊，幹勁十足，看到我要求高，大家有發揮機會，他們心中高興，自己也跟得上。新界這個兵團，老中青結合，戰鬥力逐漸提升，加上天時地利，進展飛快，連畢富先生也讚賞不已，連聲 Good，Good，Good。經過連番努力，逐步把我們的陣勢擺好，可以配合滙豐在新界區的發展策略，做好準備迎接新的開始。

　　有一天畢富興致勃勃地要跑到邊界中英街看看，那是 1986 年，老外穿西裝到中英街有相當的敏感度。中英街是禁區，中間有條無形的界限，相隔一條小馬路，這邊英那邊中。畢富大搖大擺在 “邊界” 上漫步，自然引起中國解放軍的注意，立即在路的對面實行監視，我拉着畢富的袖子，生怕他過界，無證入境不是好玩的事，好不容易把他送走，臨行前還跟我説：有趣有趣，下次再來。那個年頭，滙豐內華洋相處已經有了一定的基礎，雖然仍有階級之分，不過民族分化的意識已經淡化，開始偏向 “有能者居之” 的局面。滙豐裏有不少富有中國情懷的老外，就好像畢富的頂頭上司杜比（Gerry Dobby），這一個零售業務部的老大是一個外匯專家，跟中國人關係特別好，本人很喜歡跑馬，退休後仍然留在香港。千萬別把杜比這種人當做 "老外"，他們在香港起碼三十年，與香港人一起歷盡風風雨雨，心裏面清楚得很，都是老香港了，跟本地人交往，也自然有他們的一套。

因為總行對分行管理層的尊重，給予很大的發展空間，在新界的管理工作，我開始建立一套自己的風格，剛中有柔，柔中有剛，或許可以說是綿裏藏針，軟中有硬，硬中有軟。而且樣樣事情跟得貼，電話掛上沒多久人就到，從來不擺架子，參加同事的流水飯，就點一碗叉燒飯，吃完就走。重點栽培年輕一輩，鼓吹 "向外看"、"走出去" 等等新思維。也因為滙豐管理層年輕化的策略，讓當年只不過三十出頭的我，年紀輕輕便有發揮機會，統掌四十多家分行，帶領近千人的團隊。

第 20 回　第一批外派員**進駐加拿大**

在新界分區大概兩年時間，一晃眼在滙豐十多年了，已經成為一個地區的總管，手下有四十多家分行，已算是中高層，升級速度不算慢了，只是內心世界覺得蠻空虛的，年紀已經不小，再待下去，就是直路一條，在滙豐"等退休"，溫飽是不愁的，但想來也不會飛黃騰達，看看同期的同學，有的展翅高飛，做生意的老早賺到第一桶金了；有的遠赴重洋，在美加展開新生活，看別人就總覺得別人比自己好。

加拿大 1986 年實行開放的移民政策，歡迎香港及其他亞洲城市的移民，當時在溫哥華舉辦的世博會，是歷年入場人數較多、相信也是世博歷史上非常成功的一次。我也趁此機會"考察"形勢，眼看溫哥華確是移民的好地方，不少同事已經趁機東移，一時間移民加拿大成為城中時尚的話題，回到香港，跟銀行提出我的想法。沒想到銀行早已知道我們這班中層幹部心中所想，已有方案。一方面九七快到，公司方面不能不做好準備，讓大家安心工作；另一方面，滙豐在加拿大業務也迅速發展中，也需要加添人手，有人願意過去，正好兩全其美。

說到滙豐在加拿大的發展，遠在 80 年代初期已經開始，不過當年只是在城中鬧市某大樓的樓上有一家分行，加上開在唐人街的另一家分行，做一些香港來客的生意，發展空間有限。滙豐一直想要"走出去"，趁 1986 年溫哥華世博會的成功，吸引了不少亞太地區的新移民，正是滙豐進軍加拿大的好機會。當時的想法只有四個字：以快打慢。收購一家當地略有規模而經營有待改善的銀行，用我們那套經營模式、服務態度，刻意轉型，相信立即會有效益。滙豐理想的收購對象就是以溫哥華為總部的英屬哥倫比亞銀行。英屬哥倫比亞是加拿大西岸的一個省份，省會在旅遊勝地維多利亞；最大的城市溫哥華，反而不是省會，不過溫哥華當年也只不過是一百多萬人口，其後大量華人從香港、台灣、新加坡等地湧入，才開始另一番景象。

1987 年，我作為首批外派員，從香港調派加拿大三年，在溫哥華擔任私人銀行經理。此舉一箭三鵰，對銀行來說，外派員工在海外生活，吸收西方文化，有助拓展視野；另一方面，有員工外派當地為銀行打拼新市場，跟其他本地銀行搶高端客戶；同時，員工自己也可趁機設法爭取外國居留權。

1987 年 9 月抵達溫哥華，趕上大開眼界的機會，滙豐剛完成全面收購當地的英屬哥倫比亞銀行（Bank of British Columbia），五十多家分行即時納入旗下，滙豐在當地的分行網絡馬上擴張。溫哥華是英屬哥倫比亞的最大城市，依山傍水，風景怡人，是不少有錢人的首選之地，所有大銀行在溫哥華都有分行網，比如說皇家銀行、道明銀行、滿地可銀行等，在當地滙豐只算是小銀行，收購行動之後也只算是行內的後進而已。不過，滙豐那套服務到位的工作態度，在當地的銀行來說，是一大威脅，不僅香港過來的客戶賓至如歸，本地的客戶也覺耳目一新，之前那種懶洋洋的服務態度被滙豐的文化一掃而空。

傳教士、醫生、工程師及朋友的四重身份

銀行的轉型，不是沒有經過"血的洗禮"。第一天上班，便目睹大規模的裁員。大家剛剛打過招呼，幾分鐘後，大信封一到，收拾細軟，揮揮手走出大門，分道揚鑣。幾分鐘前大家"哈羅"，幾分鐘後大家"拜拜"。雖然是香港調派過來"學藝"的，看到形勢嚴峻，不敢怠慢，馬上開動機器，上陣搏殺，不然淪為被炒對象，有辱國體。立即擬定工作目標，有四項：第一，做傳教士，宣揚滙豐精神，告訴大家，我們來到這裏有甚麼使命；第二，做企業醫生，找出現行制度的問題與解決方案；第三，做工程師，建立以客戶為核心的流程，增加效益；第四，做好朋友，建立友誼，為未來的磨合建立基礎。作為外派員，如履薄冰，低調做人。住哪裏、開甚麼車，都不要讓本地的同事有任何異樣的看法。正如董事長的訓示：來到加拿大，就做一個加拿大人。

不過那份工資令人忐忑，跟以前大有距離。稅先扣，收的工資少了一截。加上兩星期出糧一次，似乎又少了一半；買東西還要付銷售稅，左扣右除，所餘無幾。人家說，在加拿大是"艱難大"，艱難中長大，全年工資扣七個月的稅，八月以後的工資才是自己的。既然來到這塊"人間樂土"，艱難中只能硬着頭皮走下去。我們第一批三個人，加上比我們早到一年的先頭部隊肯尼夫，一共四個人，各有各忙。沒多久，第二批、第三批部隊陸續開到，不僅溫哥華，有的派到東岸多

倫多，遍地開花。

　　當時，不少當地的員工並不認識香港，對香港根本沒有任何概念，只知道來了新的"東家"，叫甚麼"香港上海滙豐銀行"，就以為是中國大陸來的銀行，自己的銀行給中國人吃掉，以後可能要穿旗袍上班了。不少的曲解、誤解，需要我們這班外派員一一解開。最有意思的是他們對上海兩個字的發音，我們說上海，他們說上蓋，因為他們特別強調 "g" 字的發音，上海就變成上蓋。他們當然沒想到 "上蓋" 原來是一個非常有歷史文化背景的城市，遠在 1865 年滙豐就在 "上蓋" 建立分行，與同年較前時候開業的香港分行，一百多年來相互輝映。

第 21 回 **異地發展**的嶄新體驗

　　還以為加拿大金融體系要比起香港落後，其實不然。他們所謂的四大支柱：銀行、信託、保險、投資，各自河水不犯井水，監管得非常嚴格，不得越雷池半步，合規精神，遠比我們想像的要進步得多；甚麼事能做的就做，不能做的怎麼樣都不會做，不用別人監督，自己約束自己，真的做得到"君子慎獨其身"。銀行裏的產品也很有本土特色，比如 RRSP，是一種可以退稅的退休儲蓄計劃，從香港而來，要花一段時間，才能明白其中奧妙。

　　他們的服務態度，一視同仁，規章之下人人平等，絕對不會有所謂 VIP 這種說法，做完一個客戶，才輪到下一個，絕對不會讓人插隊，其實也沒有人要插隊。記得我跟前台同事說，如果你看到有李嘉誠這樣的名字，叫我下樓親自接待，他們不理解為甚麼要這樣做，就算是他，為甚麼要當他 VIP？沒想到原來香港來客有這麼多的 KS Li，還有 KS Lee 呢，天天接待不同的李先生，始終沒有碰上心目中的李先生。

　　當地人講話很清楚，尤其是分工，講好是我的，我做，講好是你的，你做。作為領導，事情更好辦，只要事先講清楚就好。當地人這一點像香港，做事爽，可是不一定快，大家需要多一點耐性。去過當地銀行、百貨公司、超級市場排隊，就知道在加拿大，必須要有耐性，等到你才輪到你，要是插隊，肯定會有人告訴你：對不起。他說對不起，其實是要告訴你，你這樣做對不起他！

　　他們的禮貌的確到位，出入電梯，進出門口，總是女士先行；

別人説話甚少打岔；要是我們在講電話，別人總會知趣地在旁靜候，不像在香港的客戶，幾乎要衝上來把我們的電話按掉，先辦他的事才行；也不會有在 ATM 提款時，後面那個人的頭幾乎伸到前面提款人的面孔旁邊左右張望的情況。

更重要的是加拿大的多元文化，相互尊重彼此文化的差異，經過交流形成一種新的文化。你是紅色，我是白色，混在一起，沒多久大家都變成粉紅色。先要學會如何尊重別人，這種思維甚有啟發，為何在別人土地上能做得到，回到我們的環境裏，就只能是種奢望呢？

在加拿大的三年海外培訓很扎實，不僅開拓視野，接受新的文化，也讓我重新定位，原來一個管理人員在崗位上，要擔當不同的角色。換句話説，不僅是滙豐的多元化，也是我個人的多元化。這三年裏面，我是"企業醫生"、"傳教士"、"建築師"，也是同事之間的一個好朋友，同時還覺得自己也是一個"外交人員"，代表香港在溫哥華宣揚香港的美好一面。

我個人的銀行業務能力也藉此機會得到更全面的發展，先是私人銀行業務，抓剛落地的高端客戶，尤其是台灣來客，基本上戶戶人家都是我的潛在客戶。後來，滙豐集團見到富有人家的數目迅速增加，這些客戶可能有機會參與各類投資活動，包括買賣股票、收購公司、各種投資項目等等，於是又把我"外借"給另一個集團成員——當時還叫"獲多利"的投資銀行，在溫哥華成立辦事處，開辦雛形的投資銀行。沒想到，我的加拿大之行，竟然梅開二度，做完私人銀行的業務，又涉獵投資銀行業務。

　　滙豐這一次"走出去"，可以説是大獲全勝，幾年內締造驕人成績之外，又建立了優良的品牌，有高人一等的服務品質。而且又成功把溫哥華一家當地語系化的銀行融入滙豐集團的版圖，再也分不出你我。有意思的是，加拿大分行竟然成為滙豐集團裏輸出人才最多的成員，不少來自加拿大分行的後來在集團裏位居要職，這是當初意想不到的結果。

　　滙豐這種的"走出去"，才是真正有意義的發展方法。後來不少中國國內的銀行也高呼"走出去"，以為有錢就可以買一家銀行在異地發展，根本不懂得走出去的真正意義。其實"走出去"所需要的條件，不僅是金錢的投入，多元化的人力投入更為重要。這是一個"同化"的執行過程，而不是"童話"。

第 22 回 拓展與改革同時並進

　　發展到 90 年代，香港銀行業已處於競爭劇烈、成本高漲的局面，不容得不推行改革。滙豐銀行花了兩年多的時間做調研，90 年代一開始，便展開滙豐近代史上最大動作的改革，項目總稱 Delivery System Project（管道系統改革），簡稱 DSP，核心是要改變給客戶提供服務的方法與管道。涉及的範圍非常廣泛，比如說分行裝修，便是希望給客戶一種嶄新的感覺，一跑進銀行便覺得通敞寬闊，簡潔大方，同事的工作環境也改善了，大家像有了一個新家的感覺。

　　這個計劃的一個重點是把業務線重新劃分。面對企業的公司業務需要不同層次的經驗，把有經驗的同事從分行抽調出來，集中到新的公司業務中心；分行專攻零售業務，執行新的銷售與服務捆綁在一起的營銷方案；同時把後勤工作從分行剝離，集中處理，節省人力物力，提高經濟效益。打個比喻，一塊方的餅，一切為二，一邊公司業務，另一邊零售業務。再把零售這一塊，一切為二，分為前台與後台。

　　滙豐這麼做，工作分工比前更為清晰，流程再造的結果帶來更高的效率，一石多鳥：客戶得益，因為他們的需求有更專業的同事來處理；同事得益，因為他們各司其職，更專業化；管理層可以更關注各類業務的拓展，爭取更好的業績。

　　系統制度上的改變還算比較容易，軟件上的改變難度更高，難題在如何讓員工在心態上改變，將客戶服務放在第一位，想辦法推銷適合客戶的產品及服務。首先，銀行從業員必須從心底上接受這是個大勢所趨，90 年代是一個銷售文化時代的開始，包括銀行服務，每一個人都是銷售員，賣給客戶的是我們的產品與服務。

　　整個改革的目標，只有一句話，滙豐要做"最受推崇的銀行"（The Most Preferred Bank）。

成立滙豐控股非為"遷冊"

　　伴隨內部的深化改革，滙豐積極部署對外擴張。同年滙豐在公司結構上還有一項更大的動作，在倫敦成立滙豐控股公司，把全球各地——包括香港在內的資產歸納其中。在香港的滙豐股票轉到滙豐控股名下，滙豐銀行的股東，成為滙豐控股的股東。滙豐銀行成為了滙豐控股的全資公司，但仍維持在香港註冊，負責香港及亞太地區的業務。對於滙豐這個動作，市場反應不一，有人認為滙豐是擔心九七前景，變相"遷冊"。滙豐高層的説法是：之前的組織架構，阻礙滙豐國際化發展。所謂國際化發展，指的就是在海外進行的收購兼併，滙豐當時已有目標在手，但當時的滙豐是以香港作為集團總部，而展開對海外的收購計劃；對於這種結構，各地的銀行業務監管部門都有意見，因此滙豐與對手的談判不斷地出現難題。

　　這一個時期的滙豐，堅定要執行三腳凳戰略：亞洲佔 45%、歐洲佔 30%、美洲佔 20%、加上中東佔 5%，要迎合新的業務結構，歐美業務的份額明顯需要大幅度提升，所以在歐美地區要進行一連串的收購兼併。但因為公司結構的障礙，滙豐與英國米特蘭銀行的合併，在 1990 年不得不暫時擱置，其中一個原因就是想等到結構重組完成之後，再做打算。

　　香港的業務重組，在 1990 年如火如荼展開，這一次改動中，正式提升零售業務的地位。這個"零售"的叫法，只不過是英語的直接翻譯，並不能夠準確說明這趟改動的真正目的，滙豐要推出的其實是一種嶄新的個人銀行服務，核心價值強調客戶的個人感受，希望建立一種不可複製的軟件，體現"以客為尊"的服務理念。對香港銀行業來說，這是一個重要的里程碑。

　　很榮幸，我能從海外歸來擔任這個項目的"推手"，當時我的行政職務是分行高級經理，統掌全港所有分行業務與管理，大大小小總共 275 家分行。這個職位的任務是要在分行推行全新的銷售文化：以客為尊，目的是要成為"最受推崇的銀行"。這不僅是對員工的要求，也是對領導的要求，每一位領導都必須身體力行，親身做到以客為尊的服務態度，才可以讓員工覺得我們的確是最受推崇的銀行。我本身向來奉行"以人為本"待人處事的宗旨，有幸成為這項重大改革的其中一個執行者，倍感興奮。

　　我採取的手法就是着重與客戶的接觸點，要求員工一是銀行業務知識豐富；二是工作態度誠懇，職業形象良好；三是在分行以外加強與客戶的溝通，善於與媒體或其他媒介保持牢固的接觸。

　　我們經常把改革放在嘴邊，其實改革不但是架構上、程式上、手續上的改變，更重要的是個人心理上的改變，願意跟着大家走同一條路，同心協力。在這個改革過程中，做領導的要扮演很重要的角色，當時我定下了七個 C 的原則：第一個，Clarity，講話清楚不拖泥帶水。第二個，Consistency，做事貫徹始終，不虎頭蛇尾。第三個，Commitment，做事投入，全力以赴。第四個，Confidence，要樂觀，對員工具備信心。第五個及第六個，Caring 及 Considerate，關心員工，懂得體諒別人。最後一個，Cheerful，令對方覺得輕鬆愉快，真要遇上壓力也可以減至最低的程度。

領導的功能在指示方向

其實在推動改革的過程中，關鍵是"領導"這兩個字，領導最重要就是要指示方向，其他的功能與領導無關。當年的滙豐花了不少時間培養幹部的領導力，每次的重大項目能夠順利完成，因為背後的領導扮演很重要的角色。很多時候，大家看一家銀行，很少看它的中高層是否有領導力及執行力，最主要是要看它的最高領導。比如說，滙豐歷來的董事長、集團董事長，浦偉士（William Purves）及龐約翰（John Bond）；銀行董事長，葛賚（John Gray）、施德倫（John Strickland）、艾爾頓（David Eldon）等等。滙豐過去的成功，中層幹部的貢獻當然也不少，但究其原因，也在於銀行的措施能否善待中層幹部，這就是高層領導能否定下正確方向的重要性。

90 年代的開始是充滿挑戰的，最簡單的説法，就是要爭取有利可圖的客戶，對於讓銀行虧本的客戶，就看如何把他們逐步帶到自動化的程式上，減低對他們的服務成本。不過這是一個知易行難的功夫，用國內慣用的話來說，這是一個系統工程。

在英國當地的收購，1992 年出現突破。滙豐本來的意向是以 3.87
鎊換取一股米特蘭銀行，提出全面收購。全面收購最重要的意義，在
於滙豐要變身成為一家英國的本土銀行，取代米特蘭銀行在英國及
歐洲的地位，滙豐的想法是藉着此項收購，可一嘗宿願，打進歐洲市
場，進一步完成三腳凳戰略。

奈何中途殺出程咬金，英國的萊斯銀行早已有意染指米特蘭銀
行，出價 4.57 鎊，比滙豐高出百分之二十。浦偉士並無退縮，再提高
條件，換算下來，約 4.71 鎊，又超過萊斯銀行。幾個回合，萊斯宣佈
退出，滙豐取得最後勝利，滙豐控股獲得香港及倫敦第一上市資格，
滙豐控股取代了米特蘭的上市地位，成為英國金融時報指數成份股。
之後，董事會分拆，控股的董事會在倫敦，而滙豐銀行董事會仍在香
港，負責香港及亞太區業務發展。

1992 年對滙豐來說，是光輝燦爛的一年，成功晉身為世界十大
銀行之列。在全球六十八個國家或地區擁有超過三千家分支機構，從
地方銀行成功轉變為國際銀行，讓人驕傲。海外成功併購的同時，在
香港的個人銀行業務，經過兩年的試行，硬件全部上線，軟件逐漸成
型，同事合作無間，同心合力打造“最受推崇”的品牌，讓客戶感受
到滙豐的全新面貌。

第五章

積極部署準備北上

1992 年鄧小平南巡，啟動了改革開放的歷史進程。

香港的工業基本上都已轉移內地，

本地經濟發展主力在金融與服務兩種行業。

資本市場非常活躍，國企紛紛來港上市。

過分暢旺的融資活動，終於觸發 1994 年頒佈的宏觀調控。

1989 年北京的事件，激發了香港人不少思考的空間，每個人想法不一樣。決定留在香港發展的，都相信 90 年代是中資勢力進入香港的啟動期。

銀行業面對的是更嚴峻的競爭，因為資本市場的活躍，投資銀行為客户挖掘新的融資管道，商業銀行不得不進行整合、精簡架構。滙豐加快了走出去的步伐，1992 年，決意收購英國米特蘭銀行，滙豐控股成為英國富時指數成分股。滙豐控股的董事會遷往倫敦，留在香港的滙豐銀行董事會負責亞太區，包括香港的業務發展。

1992 年，招商局屬下企業海虹集團，以發行新股形式在香港上市，成為首家中資企業在境外掛牌。同年 10 月，聯交所公佈另外九家國企股將會來港上市。1993 年，青島啤酒在香港掛牌上市，成為首家在香港發行 H 股的中資企業。

1994 年，中國銀行首次發行港幣，成為香港第三家發鈔銀行。同年，怡和集團宣佈撤離在香港的第二上市地位，中、英資勢力，逐漸此消彼長。

1993 年資本市場過分地活躍，終於引發 1994 年中國內地的宏觀調控。同時，在香港，因為對政改方案的分歧，港英政府與中方時有爭議，政治爭論帶動股市時上時落，不可預測的因素隨而增加。

第 23 回　提升華人高管部署中國策略

　　1990 年初已聽聞不少傳言，香港總部會有大變動，有一個華人將會升級，成為第一個華人副總經理。在滙豐銀行，副總經理不比平常，總經理之下，萬人之上。心裏想，一定是"大哥"升級。他一升級，下面一大串人馬也要動，自然引起江湖上種種傳言。我想這些調動輪不到我，因為不久以前，香港總經理 Paul Selway-Swift 已經告訴我要去新加坡，雖然還未確定，也算是已經在安排中。

　　所謂事不關己，己不勞心。但傳言越來越厲害，有人打長途電話過來問我，甚麼時候回香港？還有多長時間到期？試探我的動向，可是我甚麼都不知道！沒講完，香港老大電話打過來，他壓低聲音跟我說，新加坡的事暫時放下，其他的話也沒說，他就掛了電話。隔了幾分鐘老大又來電話，聲音更低，幾乎聽不到，他說香港馬上要宣佈一個重要任命，不過不能告訴我是誰，要我跟誰也別說，說完又把電話掛了。跟誰說？怎麼說？我連名字都不知道。

　　老大就是老大，做事一步步來，隔一會兒又來電話，這趟有名字了，果然不出所料，是大哥上位。可是為甚麼要通知我呢？原來要我接替大哥，除了掌管全港分行零售業務之外，還要兼一個轉型項目。心想又是項目，我總是逃不過項目的五指山，不過我沒有埋怨，沒有項目或許就不由我來做了。按廣東話說，我這是"冷手檢到熱煎堆"。煎堆是廣東的油炸點心，意思是指一個沒準備的人得到一個大家都想要的東西。

　　回頭看，這是我在滙豐生涯中最重要的轉振點。銀行讓我擔起這個重任，當然是對我有信心，但這個任命招來不少問號，為甚麼是我？大哥在幾年後説過，當時不是由他做的決定，如果是，他不會挑我，因為當時我好像已經離開了滙豐那樣。他又加了一句，我後來的表現證明了銀行當初沒有挑錯人。

　　做項目不難，是我的強項。有計劃能力，有執行力，夠細緻，加上銀行大力支持，一定會做成功。只是沒有想到，這項目只不過是冰山一角，還有下一步安排。原來銀行看好中國內地市場，想加大發展力度，從離岸管理模式，轉變為在岸管理模式，需要我去打江山。那等於説，未來的幾年，我就會在中國大陸東奔西跑。更加沒有想到的是，這一跑，就跑了十幾年，而且跑上的是一條不歸之路，之後就再也沒有回到香港的滙豐。

不把基礎打好就別出來

　　之前的二十年，東奔西跑，工作一、兩年就更換一次，總是在做項目，這時候我真希望能 "安定" 下來，做一份稍微長一點時間的工作，不要十年八年，起碼三、五年，能夠好好發揮。正好這個想法，跟銀行的想法一樣，銀行也想給我一份工作，超長期的，要多長時間，就做多長，這是當時董事長浦偉士的説法，他一口蘇格蘭口音，響亮的一句話：不把基礎打好，就別出來。

　　那是甚麼工作呢？滙豐當時看好中國大陸由於改革開放帶來的商機，對銀行業來説，前景一片美好，希望把滙豐在中國的業務提升到更高的台階，建立團隊是第一要務，我很榮幸，被挑選為接班人，在一段時間之後，接手擔任中國業務總裁。

可是當時的我，中國經驗很有限，銀行的安排是在總行貸款部過渡兩年。1993 年的時候，總行的貸款部分為兩大部分：製造業與貿易類。前者又再細分為電子及玩具、紡織及製衣，以及其他一般性製造業三個部門。後者覆蓋面較廣，細分為六個部門，有日本貿易、韓國貿易、印度貿易、歐美貿易、本地貿易及其他離岸貿易。兩邊共有九個業務部門，陣容頗為鼎盛。

在之後的兩年，經常往國內跑，逐漸了解中國業務的運作及其中竅門。我只能說是逐漸了解，了解中國業務的複雜性，並非香港業務那樣單純，因為中國業務受政策、文化所影響，變數多而又風險多元，不易掌握好。滙豐在國內雖然有長遠歷史，但是分行數目不多，1993 年只有三家，比起 1949 年之前的十四家大為落後。拓展中國業務，首要任務必須開拓分行；同時爭取貸款機會，增加利息收入。

進入 1993 年，香港的資本市場開始活躍，中資背景的企業開始到香港發展，投資銀行的業務方興未艾，但是商業銀行的前景似乎出現了一些陰影。有人甚至說，商業銀行已進入"日落"時期。1994 年，中國銀行成為第三家發鈔銀行，具有深遠意義。對滙豐來說，更代表一個強大的競爭對手的出現。同年，怡和洋行放棄香港的第二上市地位。形勢上此消彼長，中資逐漸取代英資的地位，已是無可避免的發展趨勢。

中國銀行有上百年歷史，在香港一直有舉足輕重的地位。在這之前，1983 年中英會談之際，中國銀行宣佈與在港的十三家中資銀行合併，成立港澳中銀集團，把駐港總稽核室改為中國銀行港澳管理處，統籌管理中銀集團在港業務。

滙豐在這個年代，開始有華人高級管理，貸款部的 SK 大師兄是其中一個；零售的大哥是另外一個；還有我們的英雄人物葉總司令，他還是香港輔助空軍總指揮，香港空軍出動救援的時候，總離不開他，他從我手上接過分行，再把分行的銷售與服務提升到新的台階；還有跟我同期的大俠，大家都是同時間冒出頭來，都是因為滙豐這一種有能者居之的安排結果。華人的地位在這時刻大大提升，很多人認為 90 年代是滙豐本地化的開始，不是沒有道理。這種部署，對其後進軍中國國內，當然也提供了很大力的支持。

當年滙豐的官方立場（相信今天也一樣），決不會説是這是本地化的措施，一直都説是"有能者居之"。是不是本地化並不重要，重要的事實是大量本地客戶的冒起，需要更多的本地人才對接。滙豐在行動上一點不含糊，讓華人上位，是必然的結果。

第 24 回 掌握貸款風險應對國內企業

    銀行的安排很有心思，給我接手的時間特別長，一般接任工作的過渡期是六個星期，我的情況特殊，所以給了六個月時間，這是前所未有的。而且我的上手是我心儀已久的 SK 大師兄，他在貸款部二十多年，是資深的專家，有他給我六個月全面指導，簡直是不可多得的待遇，不僅是貸款應該注意的事項，而且他做人的原則也是我的好榜樣。六個月的時間，讓我如沐春風，獲益良多。

    大師兄對於貸款的各類風險瞭如指掌，你怎麼也想不到的，他都能想到。記得我剛到的那一天，他已經很熱情招待，給我三份檔案，都是新增貸款。第一份要看一個小時，第二份兩個小時，第三份最複雜要三小時，看完後過來討論，然後他走開忙自己的事。我只好硬着頭皮，看了一份又一份，做好筆記，準備討論，還有時間，又反覆看個明白。大師兄準時回來，一開口就像問話那樣，第一份該借還是不該借？不該借，好。有幾個原因不該借，三個？不，不，不，七個。落筆打三更，一出手便失手。我連忙問，還有哪四個原因？師兄不慌不忙娓娓道來，不可思議，各種原因都被他看個仔細，滴水不漏。這時候才知道天外有天，人外有人，今天真的遇上高人，心存喜悅，有六個月的時間可以好好學習。

    大師兄做事總是不慍不火，原來他是氣功高手，有空總是在辦公室內，把門一關，運氣練功，很有意思。我們兩人暫時用一個房間，跟他"一起"練功是避不開的了，一時間氣流湧現，的確是真功夫。有時候，膽子大，開他玩笑，説他進房間開燈，只要一吹氣便可按下開關開燈。當然是笑話，不過他真的很迷氣功，經常在發功，叫我給他試驗。

　　大師兄重義氣，是貸款的一處軟肋。他經常為客戶出頭，想辦法解決問題，可是過分遷就，並不一定有好結果，讓我感受到貸款本身並非完全科學，其中也有藝術，還有不少做人的道理。大師兄善觀面相，他說做貸款會看面相，肯定有幫助，有些人一看長相，不用多考慮，貸款給他將來肯定出問題。給他批過，雖不中亦不遠矣。那個時候，香港經濟還不錯，雖然中港雙方經常吵吵鬧鬧，影響人心，廠家的環境一般還不差，要賺點錢不成問題，貸款出差錯的機會不大，加上大師兄會看面相，很少有走漏。

　　總行貸款部門陣容鼎盛，九個部門由我分管，表面上風光，其實壓力很大。而且這些客戶，似乎都可以直接衝入總經理的房間，根本不用經過中間幹活的人。香港幾個地產鉅子，有事直接找老總發話，有甚麼不滿亦一樣，馬上傳到老總耳中。從貸款部的接觸當中，有一點非常重要的信息，就是大家對大陸在發展，都蠢蠢欲動，那給我一個啟示，九七之後的發展勢頭必定在中國內地。

　　九個部門分兩大類，製造業以性質來分，有三個部門：電子及玩具、紡織及製衣，還有其他一般性製造業。而貿易業以貿易對象來分，有六個部門：日本、韓國、歐美、印度（又分在岸及離岸）和本地。基本上只要是在總行開戶的製造業與貿易業客戶都在我管轄範圍內。我的對口綽號 "大俠"，負責總行以外的製造業及貿易業的客戶。

兩人的業務總量差不多，我的客戶大不過數目少，而他的客戶較小不過數目多。

三天打球兩天唱 K 的日本業務

我的版圖內，最惹笑的是日本貿易。日本貿易當年在香港勢力很大，是各大日本銀行必爭之地，想跟日本銀行競爭難之又難，而且利息又低，簡直是雞肋，食之無味。不過不加入這個戰圈，又如何能稱為國際銀行？

我們聘有日籍經理叫他家谷（是我自己的翻譯，容易記），他的話不多，滿面笑容。我經常取笑他說，日本業務的規矩是三天打球，兩天唱 K，他家谷基本上天天不在辦公室，拿到生意，他總是 "阿里阿路" 開始講，沒講幾句我就制止他，那是不是 0.1875 利息呀？他連忙點頭。這一個息率是比公價稍差的價位，不過其實能拿得到，已經算不錯，只好 OK 一番，讓他去寫報告。他家谷後來回東京安享晚年，又換一個叫麥田的日本人經理，這個名字亦是我自己用的，不完全正確。麥田也是一樣，薄利多銷也是他的板斧，不過我們之間不用再 "阿里阿路" 了。

韓國生意不消提，那時候韓國經濟不好，貸款只好封頂，不能再批出新的貸款。前後十四家貿易行，維持原有的額度，要加額度？免問。客戶也知道自身的問題，也不會自討沒趣，隨便要求加碼，大家在困難的時候，就要守住。不過韓國企業有特色，愛國心特強。有一次，受邀訪問韓國大宇集團，行程並無特別，參觀他們的汽車及輪船製造，效率高不在話下，可是在歡送我的時候，他們高唱阿里郎，手牽手，熱淚滿面，那種團結一致的氣概，歷久難忘。還記得後來韓國人民在國家面臨經濟危機的時候，在街頭排隊，把自己的金銀配飾全部給捐出來，以助國家渡過難關，真讓人感動。

　　印度生意也不少，在香港，滙豐佔比相信是最高的。英國、印度、香港在貿易上一脈相連，遠在上個世紀已經有來往，尤其在香港，印度商人特別多，做點進出口小買賣。印度業務我吃不準，他們的風險外人很難拿捏準確，只好聽信自己的客戶經理的判斷。印度客戶一般都很客氣，跟滙豐來往幾十年，不會為小事情傷感情，來往也就相安無事。在過印度年──他們叫迪瓦尼的時候大家聚首一堂，吃點手抓餅，弄點地道的咖喱，充分體現文化交流。歐美貿易則不同味道，發音不準，英語不流利自然吃虧。其實貸款原則沒有兩樣，只是相互間溝通暢順，便能深入了解他們的業務，摸到風險點，事情便好辦。講起來，貿易業貸款要比製造業貸款難。

　　我管轄的製造業，最主要的是紡織及製衣。紡織是香港當年最重要的行業，經過 50、60 年代輝煌的過去，80、90 年代已經沒落，取而代之是各類製衣行業，不過大家還是把他們混為一談，統稱紡織業。其次是電子及玩具，80 年代這兩個行業突圍而出，在世界佔一重要席位，尤其是電子手錶高居榜首。我的規矩是要各客戶經理經常到廠裏去看，看看有沒有存貨囤積，看看流程是否暢順、管理是否到位，見微知著。那些工廠大多搬到內地，去看廠也是一樁苦差，天氣熱還要穿西裝，一身大汗苦不堪言。

貸款還是要看經濟發展，大環境好，小環境差不到哪裏去。光看恒生指數便知道經濟如何，1992 年底大約是 5,500 點，到了 1993 年底，11,800 多點，漲了一倍有多。你説經濟好不好？我運氣好，在總行貸款部的時候，正好是大環境大好的情況下，順風順水。但更重要的是，這一段時間的熱身，讓我有機會從名師學到不少貸款的要訣，做好開進中國業務部的準備，接受新挑戰。

能出錯的，都會出錯

過了幾年才知道，在中國的貸款跟香港是兩碼事。在香港學會一身 "好功夫"，到國內完全派不上用場，使不上勁。比如説，在香港我們可以用 "數字" 來管理貸款的品質，隨便説一個，風險資產回報率 RORA 是常用的指標，銀行內部的指引是不能低於 1.5%，而在國內的貸款所收的利息，不由我們決定，用市場慣例來決定，而慣例又很低。回報很難滿足內部要求，只能在服務費方面想辦法，希望提高回報率。同時，在國內根本不能用科學化的管理模式來審核信用風險，因為不確定因素太多。正如墨非原理所説：能出錯的，都會出錯。只能看項目背後是誰？是否可靠？基本上都是一些主觀的評估。如果是借錢給窗口公司，信用風險就更難評估了，根本就不可能知道真正用錢的人是誰。等於説，貸款人跟用款人根本不是同一個人，如何評估信用風險？

　　不過大家都這麼做，我們不做也不行。90 年代在國內做的貸款，香港各銀行都坐在同一條船上，船有事，大家一起有難！

　　我在大師兄的教導下，學的是正統的貸款功夫，有板有眼，一是一，二是二，不得含糊。可是到了中國業務，貸款有如"博彩"，運氣好平安無事；運氣不好，肯定輸錢。當年，我們的團隊設在香港，由香港輻射到內地。只要國內有項目，立即飛奔而至，管他是大橋、電站、公路、酒店，能沾上邊就好。可是埋藏不少風險，九七金融風暴來到，大家都輸錢。回想當年在國內做貸款的時候，真的是有苦自己知。

　　人家說，理論與實踐是兩回事，當時做中國貸款，就真的能體會到當中意思。

第 25 回 蘇格蘭銀行原則

　　在滙豐聽過"蘇格蘭銀行原則",不明所以,諸多猜想,想找書本來看,總是不得要領,問人,知道的人不多,也説不清楚。終於有機會讀到一份董事長浦偉士在英國曼城商學院的演講稿,題目就是"蘇格蘭銀行原則",趕緊把它記下,淺易中有大道理,值得一讀再讀,在國內辦銀行非常合用,更可以把它作為"教科書",立竿見影,因此,我把它節錄如下,也讓大家領會其中含義:

"從歷史上看,銀行業和銀行家是蘇格蘭兩大最成功的出口項目。香港、澳大利亞、加拿大甚至蘇格蘭無一不受益於蘇格蘭銀行原則。

滙豐銀行是滙豐集團的發起人之一。1865 年由一群本地商人建立,用來滿足中國海外地區商人的需要,為中國、歐美之間不斷增長的貿易活動提供融資。滙豐銀行最初的願景是由(創始人)桑德蘭爵士所撰寫的,他是一個蘇格蘭人(作者按:浦偉士也是),在建立滙豐之前有一句著名的話:世界上最好的事,莫過於在中國按照蘇格蘭銀行原則辦銀行。

蘇格蘭銀行原則到底是甚麼?目前是否還適用?

跟隨蘇格蘭銀行原則建立的銀行,應該是由大眾合資建立的銀行,按照今天的話,即是上市公司(由大眾擁有股權的意思)。滙豐是股東擁有的,這種所有權結構能夠帶給我們優勢。股東讓管理層專注於實現能夠創造利潤的業務增長上,並考核他們的表現進行。它應該了解培養員工的重要性，我們對員工培訓的重視絕不能改變，我們的成功由他們的奉獻和忠誠決定。放貸的基礎在於銀行和客戶的關係，而不在於抵押品。我們想要貸款之前要先拉存款。我們認為自己擁有誠信，我們專注客戶發展，專注於提供他們所要求的服務。我們要具備最蘇格蘭式的特點：對成本敏感。

我們的主要挑戰是要面對當地市場不同的商業文化，甚至要與相互衝突的商業文化協調。在滙豐集團裏，我們的做法是尊重個體文化價值的同時，保持行動一致，目標明確，在整體上分享個別的商業價值。我們知道擁有競爭力才有繁榮。我們應該放下架子，向他們人學習。

亞洲式的價值，包括努力工作、遵守紀律、節儉、負責、好學和家庭觀念，其實也是傳統的蘇格蘭價值。不管怎樣去稱呼這些價值，都是推動發展的核心價值。

我們的經營原則，就是要以蘇格蘭銀行原則為基礎。這種價值，也可以是中國式、印度式、美國式的，在全球化的過程中，這種價值才能支持國際化運作。

我們也不能故步自封，必須願意向跑在我們前面的人學習，不斷趕上而打敗其他同業的佼佼者。”

堅持、樸實、低調、謙虛的蘇格蘭精神

　　沒有甚麼特別的說法，可是平淡中看得出來那種蘇格蘭式的堅持、樸實、低調、謙虛。說滙豐是英國銀行不完全正確，說它是有蘇格蘭血統的英國銀行或許來得接近。這種蘇格蘭文化跟我們中國的文化相近嗎？我看相去不遠，只是他們說得出而又能做得到，而我們說得出而不一定做得到，就是這麼簡單的分別。

　　90 年代的香港，逐步看到改革開放帶來絕好的機遇，絕大多數的廠商都把廠房搬到內地，深圳、東莞等地遍地開花，無處不是港商的廠房，吸引了無數的工人，從四面八方湧來，一時間如同一個新世界。有規模的工廠可以有上萬的工人，規模少一點的也有好幾百人。我們做貸款的客戶經理，天天在國內跑。大家對內地的發展開始問一個很重要的問題：到底這種勢頭還能維持多久？

　　滙豐銀行的決定跟我們的看法是一致的，最起碼五十年。因為那時候接近九七，大家嘴邊都是五十年不變這句話。能五十年不變，還不夠嗎？銀行希望在國內發展加大力度，力求早日成立在境內的總管理部，統籌國內業務的拓展。

　　這工作順利落在我的肩上。兩年的貸款，是前期準備，到 1994 年，正式調派中國部。滙豐的中國業務，起自 70 年代末、80 年代初，與改革開放同步。當年中國業務是由一個叫羅素的外籍總裁管理，還有不少與他一起打江山的香港同事，多年奔波，建立了不少關

係，同時業務掌握亦到家。可是如今時移世易，要搞長期建設，起碼在國內本地要待上十年八年。所謂從離岸變為在岸，通俗一點的説法，不再用飛機大炮，換上刺刀，短兵相接，近身搏鬥，耍的功夫很不一樣。可是老人家總是覺得他那一套還能縱橫江湖，來去如同蜻蜓點水。其實，銀行的決定就是要深入不毛，把香港這套管理，搬到國內，從而發揚光大，在中國市場做領頭羊。

　　我在 1994 年 4 月正式調任中國總部，因為銀行對中國整體策略的部署當時還在保密階段，為免引起太多的注意，我不敢用副總裁的職銜，以免總裁多心。不過把我空降中國總部自然引起多方猜疑，也可以説是猜忌。當時一個人跑進跑出，遇到一些小動作，只擋架而不還手，並不好過，不過總經理有令死守不攻，只好堅持。幸好同事間有不少高級 "粉絲"，有的為我吹口哨；有的為我獻計獻策，雖然大多都行不通；有的按時慰問，希望我振作。前任秘書幫我做地下工作，電腦上的文書工作幫我打理，加班加點，不讓人知道，真讓人感動。至於老總，就總是那句，過一陣就好。

　　總裁給了我不少工作上的要求，都是跳不過的標桿。比如説在 1994 年便要發行信用咭，自然成為一項不能完成的工作，扣分。分行網絡要每年添增一家，不然扣分。還有其他各樣，直到今天仍未成為事實的要求，我都處之泰然，抱的心態是：明知山有虎，偏向虎山行。

　　幸好總裁的原有部隊，都是抱着專業的態度，該做的就做，該説的就説，他們在中國業務都可以算是行內翹楚，有很高的江湖地位。

在以後的日子裏，大家與我合作無間。在香港，他們主管紅籌公司貸款，嚴格把關，是滙豐中國業務的支柱；在國內，我跑中國業務。他們還時刻提醒我，鼓勵我，十多年如一日，是我在滙豐生涯中最得力的一班幫手。

第 26 回　外灘老大樓與滙豐四老

　　1995 年，到中國總部上任沒多久，第一件任務就是要解決上海老大樓的問題。這件事從 80 年代就一直是件大事，可是談來談去總是沒有具體進展，進兩步、退三步，有時候看似有希望，卻又是進三步、退兩步。老大樓是我們內部對以前滙豐在上海那棟大樓的叫法，從英語 Old Building 直接翻譯過來。今天站在外灘，你看得到一棟特別顯眼的建築，那就是我們的老大樓，不告訴你是哪一棟，你也不會認錯。每一次看它，都有不同的感覺，而且只能親身體會，很難找到合適的文字來形容它；不少人説它雄偉，可是總覺得説它雄偉還不夠；也有人説它莊嚴，但是莊嚴也不完全説得夠。

　　要談判，首先從頭到尾，把舊文件看過一次，大致上知道來龍去脈。問題在哪裏？有些事情或許不寫在文件裏，只能推論。到 1995 年的時候，談判已經超過十年，幾番人事，無法找到一套完整的説法，為甚麼當年沒有談下來。但是銀行想買回老大樓，不容置疑。

　　能夠回到老大樓不僅有歷史意義，一方面用它開拓上海的業務，而且又有足夠的面積讓中國業務總部用來管理分行業務，一舉兩得。

　　對我來説，就更加有特別的意義，還記得當初入行之際，家中老人雀躍萬分，能進滙豐是光宗耀祖之事，如果能回到老大樓做老大的話，那就更不得了，老人家肯定天天來串門，蠻靈咯蠻靈咯，講個不停。

　　老大樓的確迷人，基本上跟老樣子沒甚麼兩樣，其實跟香港皇后大道中一號舊滙豐大樓也沒太大區別，大理石柱子，大理石地板，大理石櫃台，甚麼都是大理石，莊嚴、威武，加上門口那對石獅子，誰跑進來都被大樓的氣勢所懾服，不會大聲講話。

　　我們對大樓裏的設施有明細的記載，需要加添甚麼新的設備很清楚。我自己去過好幾次，對大樓有一定認識，最重要的是讓我們拆掉在後面叫小滙豐的老房子，改建一棟樓，而不會高過前面的大樓。這棟新樓將會用來做寫字樓，把我們的管理功能放進去。前面的老大樓仍然不變，還是保持原貌，用來做業務，兩棟樓連在一起，前後呼應。

　　對於談判的最後幾個回合，少不了我。我有語言優勢，我聽得懂上海話，也講得來，可是對方並不知道，他們相互間還是以上海話對話，並沒有把我放在心上；不過我也無意佔便宜，談的都是技術問題，聽得懂、聽不懂都無傷大雅。

　　外間不少人都以為談判艱難，是因為價錢談不攏。有這種想法的人，也許是心中有這麼一個疑問，以為這本來就是滙豐的老大樓，為甚麼還要花錢買回來？辦個手續，把名字轉過來，不就可以了嗎？其實情況大概是這樣的，滙豐早在 50 年代初期就跟有關當局達成協議，把在中國的資產（包括樓房在內）與在中國的負債（包括存款等），相互抵消。此後，滙豐搬出大樓，另覓地方繼續營業。所以，我們是需要把大樓"買回來"的，這是合理的。不過，談判的困難不在價錢，主要是因為雙方對整改方案有不同的意見。

複雜的事情其實可以很簡單

後來，局勢有變，外灘的房子全部在市場公開"置換"。置換的意思，就是買方按目前的狀況買下，不涉及修改。如果要做改動，那就是另外的考慮，跟置換無關。等於說，如果我們想要改動，已變為題外話。彼此已經沒有可以商量的空間，只好擱下。當時，似乎只有泰國的盤谷銀行買下他們的老大樓。

不過，有個前輩說過一句很有意思的話，不管這棟樓賣給誰，大家經過都會說它是老滙豐大樓。我自己做過測試，在門口徘徊好幾次，每次有人對話，總會聽到這句話，這是老滙豐，既然如此，誰來買都沒有區別。一下子豁然開朗，原來世上的事可以複雜，也可以簡單。

後來沒多久，中國政府頒佈了在浦東發展金融區的概念，要求外資銀行把總部設在浦東陸家嘴。這樣一來，順理成章，大家趕緊向陸家嘴搬過去，老大樓的談判，到此告一段落。沒想到事情不是由我開始，拖拖拉拉十幾年，卻由我來結束。

上任以來，有好幾件事要解決，其中包括上海滙豐四老的退休問題。

滙豐四老，是歷史遺留下來的問題，指的是銀行內有四個老人家，年紀早已超過退休年齡，可是卻一直沒退休，在銀行裏掛了虛職，甚至乎其中一個老人家在銀行裏還有宿位，下班後留守圓明園路分行，為原已破舊的圓明園路分行加添幾分懷舊的色彩。監管部門過去對四個元老依然留任應該有看法，也不知道我們地方領導是怎麼解釋的，總之事情就一直拖下去。

四老中最年輕的大概七十有多，近八十，他負責進出口櫃台收單工作，有文件進來，他蓋章收件，這工作不難，沒有體力要求，他還應付得來。其他兩個年齡都在八十以上，九十不到，有一個英文名字叫史派奇，好像負責跑業務單的，在外貿公司坐坐，大概是有單就給送回公司，他的英語據說還不錯，與洋人來往還能說上幾句。另一個元老的具體工作就不太清楚了，平時在公司裏也不容易找得到。

四老最具有神秘色彩的是第四位，他年紀已經九十出頭，以前在老大樓負責綠化工作，如今工齡超過六十年，在單位裏有份差事，可是人不經常出現，名字好像姓張，大家只管他叫張伯伯，人也蠻客氣，總是笑瞇瞇的，難怪長壽。

平均八十多歲的四位上海老員工

為何四老在銀行裏這麼多年了？年紀平均八十有多，為何還沒退休呢？我一接過手，便開始問這兩個問題，一直沒有答案。在國內做事，沒有答案的問題，一般都是棘手的問題，也可以說是沒人敢碰的問題。我記起邵逸夫爵士曾經跟我說過的一句話：如果問題可以用錢來解決的話，那問題就不是問題。反之，如果不能用錢解決的問題，那就是大問題。

我親自出馬，把四老請來，談天說地開始，接着細問家常。大家逐漸放鬆之際，我就單刀直入，跟四老説：大家到這個年紀，是該回家享清福的時候。臉帶微笑，我接着説，退休金我會安排，請大家放心。因為他們退休，拿的是標準工資計算出來的退休金，基數低，數目有限。我事先已跟人事部算過，六十歲前按規矩一個基數，六十後不受規矩限制另外一個基數，再加在一起，結果完全不一樣，算下來大概每個人也有二、三十萬，當時是"天文數字"，可以買套普通的房子。我想他們平均貢獻了五十年給銀行，實在不為過。

四個元老開心得不得了，其中張伯伯含着淚跟我説：過去一直等銀行上頭説這句話，可是沒動靜，如今總算解決了問題。的確也是，總算解決了一個歷史遺留的問題。當然這種計算方法，未必可以廣泛應用，我先向總部解釋清楚，一次而已，下不為例。總部也爽快，沒表示異議。

我向四老補充一句，大家找一個好日子，把家裏所有的人都帶來，讓我看看，大家聚首一堂，歡慶榮休之喜，大家連忙稱好。結果那天晚上，來了不少人，有的三代，有的四代，張伯伯好像是五代同堂，大家聚首一堂，吃喝之餘，説説過去的笑話，也蠻有意思。四老平時滴酒不沾，當晚高興喝了不少，知道我想聽上海老故事，他們輪流給我講，以前的城隍廟怎麼樣？洋涇浜在哪裏？淮海路叫霞飛路等等陳年舊事，特別有意思。

這時候，張伯伯在他的錢包裏掏出一張發黃的單子，日期好像是

40 年代的某一天，是他的工資單，上面寫了他的名字，一個月工資兩塊六毛錢。我無法從通脹角度來推算，到底今天應該是多少？可是他身上還有五十年前的工資單，為滙豐工作了一輩子，想起來真不簡單。

當晚大家高興，酒過三巡，我再追加一樣退休福利，到香港總部一遊，拜會董事長。大家自然稱好，馬上摩拳擦掌，最好立即成行。當年要去香港，並非易事。張伯伯跟我眨下眼，他加一句：香港好，值得去，不過別人說泰國更好，總裁帶我們去。這不簡單，到他這個年紀，還覺得泰國好玩，我拉着他說，泰國有啥好玩？他嘻嘻笑了笑，不作聲。我說，好的好的，有機會我們一道去。可惜至今尚未成行。

幾年後，我還專程去拜訪他，那一年他九十九歲，身體還很好。我帶了鮮花，買了金華火腿，到他家坐坐。他還健談，一點看不出來已經近百歲高齡，我們還拍了照，我把照片寄到滙豐倫敦總部，上集團雜誌讓大家看看還在世而年紀可能是最大的員工。後來我再沒有去看他了，他的晚輩勸我別去，怕他看到我太激動。我只能遙遠的祝願他晚年生活安康。

滙豐四老的退休安排成為一段佳話，我也代表銀行演繹了滙豐這一種念舊的情懷。

過了九十歲才從上海滙豐退休的張伯伯（圖右）。

第 27 回 圓明園路的**上海分行**

　　講起滙豐在上海，一般人都會想到老外灘的老大樓，以為我們一直在那裏經營。其實不然，早在 1952 年（有一說法是 1954 年）滙豐已經搬到圓明園路，圓明園路距離外灘不遠，可是環境完全兩碼事。在一條冷清的小馬路上，一個完全不起眼的門口，停了不少自行車，門口進去有一部電梯，裏面有位阿姨長年駐守，坐在一張小凳子上，旁邊吊了一瓶茶水，乘客到幾樓她幫你按，電梯緩緩而上，粗看周邊環境還以為是貨倉，絕對不像一家銀行。

　　到了六樓，推門而進，跟一般老式家庭企業的門面沒有兩樣，木板地，一塊塊起伏不平，燈光暗淡，座位排列緊迫，好像是臨時辦公室那樣，左看右看都不像是國際銀行的賣相。經理室不大，窗門油漆剝落，地板早已霉爛，不能大力踩，塌下去不好修。真不敢想像，過去接近五十年我們在這裏做生意，來過的人都會說，這是全球條件最差的滙豐銀行，一點不誇張，非目睹不能相信。

　　為甚麼這麼差的條件，一點改善工作都欠奉呢？如果是在 50 或 60 年代，還可以理解，跟大環境相去不遠。後來國內經濟起飛，我們還落後大環境起碼三十年！我做領導也很慚愧，不知道如何面對員工那種期盼的眼神，甚麼時候能搬，不能搬起碼裝修一番，總不能幾十年如一日，年年老樣子。

　　在這一間外面看來像貨倉的銀行，當年到底又是做甚麼業務來維持 "生計" 的呢？來來去去，就是做些與貿易有關的業務。貿易當年叫進出口，不過外資銀行按規定只能做出口單，比如說有外貿公司出口貨品到美國，有出口單在手，就可以把單據給我們做貼現，爭取現金流。如果是製造業，還可以憑單據來外資銀行做"打包貸款"。打包就是把貨裝船之前的費用讓銀行先墊付給出口廠商，等到貨物上船，把出口單貼現後，才還掉打包貸款。

銀行視打包貸款如雞肋，吃之無味，棄之可惜。因為這種貸款的風險高，但收入有限。當年很多一單多用，甚至假單，做起來要很小心。問題在於，大家都沒有選擇，不做"沒得吃"，只好請了一批專門跑單的小伙子，日夜在外貿公司混，希望跑一兩張單，維持生計。其他外資銀行也面對同樣的情況，大家都做一些貿易"融資"，起碼這種業務算是有點規模。

滙豐當年還極力地開拓信用卡的清算服務。清算的意思是說我們到各商店，把以信用卡消費的單據收回來，寄到發卡的 VISA 或萬事達進行結算。我們從中賺取微薄的手續費，同時希望藉此奠定將來發卡的地位，沒想到到今天還沒等到。

回想當年，大概是 1980 年吧，銀行曾經計劃安排我北上"服役"，到上海擔任行長，後來因為我小時候在台灣讀小學，有台灣背景，申請簽證有點難度，計劃最終擱置。如果當時調派過來，可能就不會是這個樣子，以我的脾氣，一定找地方搬，不然施工改造免不了。二十多年來，歷屆領導都視而不見，充分展示五十年不變的精神。

圓明園路對我來說，屬於歷史，我們不能生活在歷史裏面。我的方針有兩條：第一，找地方搬；第二，不搬就裝修。結果取易不取難，裝修再說，找地方不難，可是要適用我們形象，而又配合浦東發展的勢頭，那就不容易，因為在浦東陸家嘴，那時候就只有幾棟樓，根本沒有選擇餘地。

那時候，從圓明園路開車到虹橋機場，起碼一個半小時，有時候還不止。因為延安高架還正在建造，交通狀況很緊張，各地都堵車。開車接送，簡直是噩夢。圓明園路那邊，基本上沒有像樣的飯店，想在馬路上走走，只有附近的友誼商店，還能進去逛一會兒。別忘記，那時候還在用外匯券，買東西沒有外匯券也不行。門口站滿"黃牛"，一看外面人上來，馬上過來兜生意。走得遠一點，可以到外灘，和平飯店樓上有比較像樣的飯店，從窗戶看下去，黃浦江就在眼前，沒有浪奔，也沒有浪流，只有幾艘擺渡船來往兩岸，帶來多少熱鬧。

打從 1865 年起沒有離開過中國

回頭想，我們的前輩真不容易，守住圓明園這塊"祖業"幾十年了，風吹雨打，屹立不倒，我們經常掛在嘴邊的有一句話："我們自從 1865 年，一直沒有離開中國。"一年復一年為我們的顧客服務，真不簡單，到過圓明園路滙豐的，就知道所言不虛。

能在 1994 年加入中國業務，正好搭上尾班車，看得到外匯券的使用，甚至乎在某些機會還用得上外匯券。

外匯券的出現，是因為隨着中國的改革開放，外來的人在內地的旅遊觀光，飲食購物各種消費的增加，既不能持有人民幣，又不能使用外匯，就必須要有另外一種代用錢幣。因此 1980 年 4 月 1 日，中國銀行發行外匯兌換券，簡稱叫 "外匯券"。來國內訪問的外國人，回鄉探親的華僑，還有港、澳、台同胞，必須將所持的外幣，兌換成外匯券，在指定的範圍內，包括賓館、商店等地方，與人民幣等值使用。

外匯券當時有七種面額，最大面額是 100 元，跟着是 50 元、10 元、5 元、1 元、5 角及 1 角。使用外匯券可以買到一般市民用人民幣買不到的緊缺物品。由於這種 "特權"，外匯券比起人民幣就有 "溢價"，有時候高達 50%。

為甚麼有人願意付出溢價來換外匯券呢？當時中國剛開放，物資供應還十分匱乏，商品短缺，光有人民幣還不行，還要有糧票、布票之類的票證才能買得到所需物品。有了外匯券，便可以省卻這些票證，比人民幣有更多的消費便利。比如説，在友誼商店裏面，貨品的款式及品質都比外面的要好，可是付款要以外匯券計價。例如鳳凰牌自行車，沒有外匯券就無法買得到；來一包時尚的萬寶路香煙，沒有外匯券也不行。

所以那時候，在友誼商店門口，不僅是不少本地人觀望，看到有人買到進口貨，臉上有羨慕之情；同時，也有不少"黃牛"虎視眈眈。在上海就更多，一般把這種"黃牛"叫"打樁模子"，"打樁"指他們這幫人可以一站幾小時，如同打樁，練得一身好功夫，腳步輕快，只要看到有人上來，看上去像華僑，馬上鬼頭鬼腦迎上去，把手掩住自己的嘴巴，壓低喉嚨問一句：有外匯券嗎？

1994 年 1 月 1 日，中國政府取消外匯留成的要求，外資銀行可以把外匯在外匯交易中心兌換人民幣。這是中國銀行業一個重要的里程碑，外資銀行可以在外匯交易中心，把手上從外貿交易上得來的外幣，轉為人民幣，再交付給本地的外貿公司。等於説，外資銀行在貿易項下，已經能獲取人民幣，在改革開放的歷程中，有重要的意義。再過一年，1995 年 1 月 1 日，外匯券停止流通，可以在當年 6 月 30 日前兌換為人民幣。當時每個人手上總有些外匯券在手，不捨得去換，有歷史意義，可以緬懷過去的日子，説不定，將來還會升值。這也是一個時代的結束，另一個新時代的開始。

政經動盪考驗重重

對於香港新的領導班子，不少人冷眼靜觀。

豈料亞洲金融危機突發，香港再受新一輪的打擊。

房地產首當其衝，應聲下滑；

廣國投破產，香港銀行大受影響。

香港人在一個全新的政治局勢下，

又要面對一個不很順利的經濟形勢的開始。

由北京八家資產公司合組而成的北京控股 1995 年來香港上市，招股時超額認購 1,270 倍，涉及資金共 2,100 億元，首日掛牌立即較招股價高出三倍，紅籌股的名牌效應從此打開。這股炒風越演越熱，1996 年底恒指 13,500 點，比前一年上升 34%。通宵排隊認購新樓盤的現象又再出現；1996 年 1 月至到 1997 年 6 月回歸前期間，高價樓盤普遍漲價 50%，甚至翻倍，山頂一個新盤的售價高達三萬港元一平方英呎。

回歸之後第二天，1997 年 7 月 2 日泰銖受國際炒家狙擊，匯率當日下跌 20%，其他亞洲國家的貨幣相繼貶值。香港股市及港元匯率接連暴跌，1998 年 8 月，港府動用 1,200 億港元外匯儲備在市場吸納藍籌股，把恒指托高五百多點。

香港經濟遭受連串打擊，1998 年生產總值下降 5.5%，恒指下降至 10,000 點，整體樓價下滑一半。香港不少華資以地產起家，不得不另謀出路，紛紛轉型發展高科技。

滙豐銀行在亞洲金融風暴中，受損甚微，1997 年的盈利，仍取得讓股民驚訝與興奮的成績。1998 年滙豐銀行的盈利較為遜色，幸好滙豐集團英、美兩地的成員表現出色，帶來不少進賬，前幾年的海外拓展產生了積極效應。

1998 年 10 月，廣東省國際信託投資公司（簡稱廣國投）宣佈倒閉，債務高達八百億美元。改革開放以來，廣國投的倒閉是最大的破產案，最終能追索到的資產不到三成，不少香港銀行被迫"剃頭"，接受損失。此案具有深遠意義，讓香港銀行上了寶貴的一課。

第 28 回　九七定局加速北上步伐

　　1997 年 7 月 1 日的交接儀式，作為香港人看到國旗飄揚，心中是怎麼樣的感覺，相信不容易用幾個字就能說清楚。銀行展開一連串的慶祝活動，主權的變動並沒有產生任何負面的影響，滙豐對九七老早有所準備，香港新老總林紀利（Chris Langley）四平八穩，下面幾個香港本土的副總（包括我在內）經已進入角色，各人把守各重要據點。

　　沒想到，幾天後泰國金融危機爆發，更蔓延到整個東南亞，順勢影響日本、韓國，香港及中國大陸也不能倖免，外資急速撤出，貨幣受到壓力，接着房地產價格全面下滑；再加上廣東省國際信託投資公司出了問題，我們大部分的時間都是在追債，這可以說是我們的黑暗時期，大多數的銀行都沒有例外，大家要輸的錢都是數以億元計。

　　儘管如此，滙豐相信隨着九七的變局，只會帶來更大的市場，更多的機遇，在中國國內的發展，逐漸加大力度。香港老總林紀利做事精明細緻，對人溫文有禮，簡直無法挑剔。銀行的目的也很清晰，就是希望他能帶領我們整個團隊平穩過渡，只要平穩過渡，就樣樣太平。林紀利對國內業務鼎力支持，要甚麼給甚麼，從沒有任何異議，倫敦也是同樣的支持，倫敦、亞太、香港三者成一直線，對我在國內的工作都是全力協助。

　　銀行已決定對中國發展是全力以赴，只是組織中國國內業務部的隊伍，成了一大難題。香港人精打細算，覺得到國內工作，雖然前景不錯，不過目前基礎薄弱，當時國內的條件的確還不是很好，甚至有人說在上海要買像樣的麵包，只有淮海路伊勢丹才有。再者，一離開香港，很可能是一條不歸之路，還要與家人分隔兩地，何苦呢？左算右算，總覺得機會成本太高，這是一種有"困難"（Hardship）的調派，不少人吃不消，心存抗拒。所以當時在國內發展分行業務，基本上是找不到人，或者有想來的卻又不是合適人選，有時候沒辦法了，不能再挑，想來的就讓他來，希望多加培養，可以頂住一時之需。

國歌高奏國旗飛揚的一刻

95 年開始我就四處奔跑，每週出門一趟，從香港總部出發，每次出去三天，希望跑一個城市，跑政府關係，與員工溝通，看市場變化，樣樣事情不得不親力親為，希望打好根基，為將來的發展作鋪墊。一晃眼 1997 年 7 月 1 日，凌晨零時，中、英政權交接，高奏中國國歌，國旗飛揚，眼淚忍不住湧上來，這是我第一次感覺到有祖國的可貴。

隨着回歸，急忙抓緊時間準備大展拳腳，我們在上海開始尋找合適的地點，可是當年淮海路一帶的商業樓太零散了，不像銀行。我跟香港新老總有默契，因為我們長期看好，所以在國內要買樓房，不要租，但像樣的樓盤實在不多，以浦東為例，1997 年的時候，就只有人民銀行附近兩、三棟樓可以考慮。

當時有些人有誤解，香港回歸了，中國業務自然包括香港，便以為把中國業務總管理部搬到國內，就等於滙豐在香港的總部搬到國內，這麼說來，起碼要一棟媲美香港的總部大樓，沒想到我們要找的只不過是一千平米的地方，夠我們這班兄弟用便可。記得包家大姐在招商大廈有兩層，總想我們跟她租用，盛意拳拳的，總要我們考慮，可惜這是沒有地面層的，做銀行生意不方便。其他稍微遠一點的樓盤，還是沙塵滾滾，尚未成型。

申請開辦管理部門也不容易，因為當時沒有這種概念，只批准委派總代表，總代表有點像整天吃喝跑關係那種，香港同事藉機取笑，說我苦盡甘來，終於找到一份好工，只管吃喝玩樂。我心有不甘，再跟監管單位申請，最終爭取到總代表之外再加一個總裁的虛銜，但是仍有限制，是不得從事業務的。

沒多久，我們上海分行搬進了浦東陸家嘴船舶大廈，希望在新的金融區與同業一逐高下。船舶大廈就在人民銀行對面，走過馬路就是，過去開會，一個電話，馬上就到。

浦東陸家嘴剛剛起步，滙豐搬進船舶大廈，自然引人矚目，政府部門馬上讓我們考慮幾塊地皮，以建新大樓之用，其中一塊在中國銀行對面（原火柴廠），位置極好，從陸家嘴隧道上來，左邊是中銀，右邊是滙豐。上面叫我去跟幾個地產商談，希望合作開發。奈何有興趣的不多，談來談去都沒有談妥。

第 29 回 利潤放一旁的非傳統戰略

　　從圓明園路滙豐的破舊情況，可以看得出過去忽略基礎建設，這樣的“賣相”如何能把分行業務做好？雖然有各種客觀條件未必能找到合適的辦公地點，不過事情不能一拖就是四十多年。中國大陸的改革開放也都已經走了超過十五年了，怎麼我們滙豐還是沒有動靜呢？

　　我跟香港老總林紀利研究問題所在，大家都覺得是缺乏一個整體規劃，在香港我們叫發展綱要，也可以叫發展戰略。趕緊跟總行做規劃的同事商量，請他們的鎮山寶陳晉出馬，為我們中國業務的發展，寫下可能是一百多年來的第一份戰略規劃。

　　陳晉是印籍人士，他大概是 1978 年入行，當時我在中央會計控制擔任二把手，他來受訓，樣子看上去像印度民族英雄甘地，平時不苟言笑，大家不跟他來往，是我安頓他，不至於投閒置散，後來經過二十多年的來往，結為深交。他接過任務，覺得義不容辭，馬不停蹄連夜開工，如期交出一份“非傳統”的戰略規劃。

　　“非傳統”在甚麼地方呢？所有的戰略，幾乎毫無例外，都是以持續性盈利最大化為核心，但我們這一份戰略計劃並非如此，而是以下面四個重點依次排列：第一、政府關係；第二、人才培養；第三、品牌建設；最後才是第四、長期效益。而且是把前三項的權重加大，遠比第四項的長期效益重要。

　　這樣的發展要點一出台，大家覺得奇怪，心想怎麼能通過倫敦總部那一關。沒想到，倫敦總部強烈支持前兩樣的要點，要我們全力以赴，對我們來説，這真是一支強心劑，讓大家振奮不已。滙豐對中國那種濃厚的情意結，在香港其他商業機構很難找得到，任何一個決定，都不會只是考慮商業的因素，這可能是因為滙豐一百多年前已在上海扎根的關係。

這份發展綱要覆蓋五年，1997 年至 2002 年，以基礎建設為核心，三線並行：政府關係、人才培養、品牌建設一手抓。長期效益是結果，不是過程，只要把前三者做好，自然有好結果。我想，不僅要讓我的高層熟讀這份發展綱要，還要安排各種機會，傳達其核心意義給全體員工。增加透明度，自然增加大家對我領軍的信心。

發展綱要的特色，除了爭取有機增長，也不忘物色收購機會。在外資銀行的限制全面開放之前，有機增長力度很有限，反而收購機會在市場一點都不缺，經常碰得到。我的想法是從城市商業銀行開始着手，讓自己對本地的銀行業的一些手法增加認識，累積經驗之後才考慮較大型的股份制銀行。

同時，其他金融服務機構，例如保險，在內地發展前景樂觀，心中有數後，鎖定目標，細心觀察市場動向。我們知道，所有此等收購行為都需要監管部門的審批，所以我們平時就要讓他們相信，滙豐一直是一個良好企業公民，奉公守法。因此，我們十分注意加大在監管方面的力度，把灰色地帶減到最小，正如當時新上任的董事長龐約翰所說：我們的業務，沒有黑色地帶，也沒有灰色地帶，只有白色地帶；如果發現在灰色裏面，那就算是黑色地帶，趕緊離開。這個黑白二分法，我經常在國內引用，因為的確有不少人經常徘徊在灰色地

帶，希望尋找機會博取一個擦邊球，這種僥倖心態絕不可取，有機會
一定要打壓。

七千人應聘學員培訓計劃

為了擴充國內的人才庫，我們在國內加速建立自己的學員制度，
招募大學畢業生，給予三年有系統的培訓，把學員提升為滙豐新一代
的行政人員，這種學員制度跟我當年做見習生的版本沒有太大分別，
只是海外培訓的地點是在英國（包括香港），而不是像我當年那樣被派
到所羅門島。

行政人員這種叫法，當年在國內是新名詞，大家都弄不清楚
甚麼叫行政，甚至在今天，相信也沒多少人說得明白。行政的英語
"Executive" 是執行的意思，就是把事情做完、做好，不是自己做，
而是督促向自己彙報的人把事做完、做好。滙豐名氣響，對本地畢業
生有一定的吸引力，招聘之前，我們會到各大院校宣傳滙豐的招募計
劃，來聽的同學總是擠得滿滿的，當時一般大學生也不管甚麼叫行
政，只要進滙豐便好。

記得第一次招聘，就有七千人應聘，幾千人的篩選，有筆試，有
面試，好幾輪之後，只剩下十幾個，我自己把守最後一關，觀察大家
一起做項目，從中評估應聘者的個人表現。一般的結果都跟我們的要
求有差距，第一，英語水準追不上滙豐內部標準。第二，邏輯推理能
力薄弱。第三，欠缺行政人員素養。第四，長遠投入的心態不明顯，

傾向走短線。

有人認為滙豐的篩選很主觀，可是多年的經驗，證明滙豐那一套辦法有它的科學性。我們最後選定的那些師弟、師妹日後的發展的確都有大將之風，幾年後果然成為銀行界的新秀。

這批學員進來之後，分配到各崗位學習的過程，看起來不是很有系統，有點大汗點兵的感覺，但事實上他們要學的不在技術方面，而是與人相處的能力，因為將來成為行政人員就是要管人，懂得與人相處之道，才有能力做好管人的工作。有治人者，也有治於人者。這道理很簡單，不過新入行的師弟妹，對於管人有心理障礙，情願做治於人者。但是，如果只想做治於人者，那又如何能做好管人的工作呢？

我們會給時間，提供練習機會，讓新人習慣這種心理壓力，這要靠各部門主管，給新人提供心理輔導。這種管人的技巧在課室內學不到，必須要親身經歷，面對矛盾，學會處變不驚，據理力爭，有話直說，累積經驗，才能修成正果。

學員的培訓期以三年為限，不過也有出色的學員，兩年多便畢業，投身行政人員行列；也有部分學員，思想與行為跟一般員工沒有分別，需要經常調整提升他們的思維，把那種治於人者的心態，轉換為治人者，過程並非想像中那麼簡單。

當年我花了不少心血在學員身上，因為自己也是經過學員培訓出身的，希望後來者不用走太多彎路，可以早日出道。有不少人冷言冷語，不看好這個培訓計劃，認為是為他人作嫁衣裳，不會有好結果。

十幾年後事實證明，這一套學員制度的確為銀行培養了不少精英。

調派內地香港員工視為苦差

　　90 年代中期，各家銀行都想拓展國內業務，一時間人才供不應求，尤其是那些偏遠的城市，更難找到合適人選。在國內城市與城市之間的人員調動很平常，今年在上海明年調北京，今年在廣州明年調長春，都不稀奇。從香港調派員工到國內的城市就沒那麼容易，如果是上海、北京還好，有些同事會有興趣，如果是西安、昆明、大連等城市，便有難度。不是說這些城市有甚麼問題，只是一般人不認識而已，都以為只有上海才能考慮。

　　我在 1995 年接過總裁一職時滙豐在國內只有三家分行，之後幾乎是一年開一家分行，也不是說國內沒有人才，不過在當地的確很難找到具備滙豐所要那種經驗的人才，只好在香港想辦法，經常從香港發掘北上的外派員。

　　為了吸引外派員，我們提供各種補貼，各樣加起來很可觀，大概是工資的四成，那時候真算不錯。舉例其中一項伙食補貼，預算是每人每天二百五十元，每月三十天。每天二百五十元是甚麼概念呢？比如說，在五星級酒店吃早飯，可以是一百五十元至二百元，較為一般的標準也要一百元左右，但如果到路邊小店，二十元肯定吃得滿意，不同環境，分別可以很大。

　　我當年在上海希爾頓酒店地庫的東方快車餐廳吃早飯，衛生條件很好，吃起來味道不差，有油條、豆漿、兩個包子加一杯奶茶也不過三十多元人民幣，加百分之十五小費，正好四十五元，因此我就用東方快車的早餐來訂出早餐補貼，按同樣標準算出來的中飯及晚飯補貼分別為七十五元及一百二十元，加起來正好二百五十元。這樣的數額對本地員工來説是不敢想像的高，但是外派員一般工作時間都比較長，每頓飯都在外面吃，也不想他們在路邊小店隨便吃，吃壞肚子更不好。

香港總部對於這種補貼總有意見，覺得上海、北京的生活比香港好得多，為何還要補貼？其實就在"不方便"這三個字，因為"不方便"帶來了額外成本，這種"不方便"要講是講不清楚的，要在國內生活過才能充分理解。

第 30 回 外資銀行業務空間有限

　　中國市場發展潛力龐大是不容置疑的，可是雖然改革開放已經十幾年，好像門縫越開越大，但對外資銀行來說，還是生意難做。

　　外資銀行在中國國內的發展歷程大致上可分四個階段，第一階段，純粹以外幣與外商做生意；第二階段，與本地企業以外幣做生意；第三階段，以人民幣與外商做生意；第四階段，全面開放。

　　到了 90 年代，外資銀行還是以第一類的業務為主，比如說，某外商需要資金開發項目，來外資銀行貸款，外資銀行只能供應外幣，而且外幣是從海外分行借回來，成本不便宜。後來，我們可以跟本地外貿公司做些貿易融資，客戶拿來出口單，做點押匯，我們放點打包貸款，還是以美元為主，數目也不大，一般是幾十萬美元，有時候會有一兩張兩三百萬美元的單，那就算很不錯的了。環境不好的時候，放出去的錢，客戶不是用來買材料，而是用來還債的，因為別的銀行追得緊，這種打包貸款風險高，接下來不甚妥當，但不做也不行，讓人苦惱。

　　到了 1994 年，門戶又開放一點，我們可以跑到外匯交易中心，把美金換為人民幣，再給外貿公司，但是匯率不由自己決定，能賺的差價就很有限。與本地企業還是以貿易融資為主，就是客戶把出口單拿來銀行，要我們買單。來我們銀行的外貿公司規模不大，來往數目也不大，大的不來，來了我們也做不了，因為自己的盤子太小。雖然我們在本地市場的規模算是最大的了，但單靠一點押匯，盈利有限，七除八扣，隨時出現紅字，碰上信譽不好的公司，還有可能有倒賬的風險。

　　大家為了節省，往往一人兼二職，例如銀行裏開車的司機，負責開車之餘，還要到外貿跑單，同時還跑政府關係，事無大小都能解決。

　　每張單能賺的數目有限，但正如廣東話所謂"山大斬埋有柴"，積少成多。滙豐號稱最大的外資銀行，跑單的同事，全中國加起來有好幾百人，陣容浩大。跑外貿的業務，香港同事根本做不來，首先一根煙，聊半天，先從昨晚申花足球隊為甚麼輸球講起，講到國家大事，然後是娛樂圈八卦新聞。跑單的人肚子裏一定要有料，要甚麼有甚麼才行，談到最後，客戶才會給你一張一、兩萬元的單交差。

　　除了跑單，要靠貸款，但貸款業務早年都是在境外處理，因為外資公司的總部在海外，所以談貸款不用在國內談，我們在國內也必須要有本地的貸款部，提供落地支援。我們也希望盡快培育本地貸款人才，使他們具備獨立審批貸款項目的能力，而不是單看上頭是否點頭而定。

憑 ATM 項目再度領先

　　其他的業務比如說信用卡，都是大家說要爭取的業務，可是門戶不開，不能發卡，乾着急也沒用，只能收單清算，所以能賺的錢很有限。幸好總部了解國情，並沒有給我們太大的壓力。滙豐打的是一張長期牌，不急，你給我的，我總要；不給的，我爭取；再不成，我可以等。

　　外資銀行進入國內發展，不僅為了謀求長期利益，同時也要爭取媒體曝光，增加能見度，大家腦子要動得快，碰到機會一定要把握，最要緊搶到先發優勢。提高江湖地位，做龍頭老大是我第一個五年規劃中一項重要的工作。我們一直在尋求機會與本地銀行搞合作，當年我與工商銀行在上海的沈行長談起合作，原來他也有興趣，腦子一轉，我想到 ATM 自動取款機的項目，這可能是在種種的監管條件下可以做得成的項目，而且還沒有其他外資銀行在這方面有甚麼動作。

　　道理很簡單，他們的客戶在我們的 ATM 機上，我們的客戶在他們的 ATM 機上，能夠憑自己的銀行卡提款。這種安排可能對他們的客戶沒甚麼大不了，因為我們在國內的 ATM 機畢竟很少，相反，他們機多，我們客戶會得到很多的方便。能爭取到這樣的安排，對當年外資銀行來說還是一種夢想，只能想而不可得。

　　雙方馬上互派人員，成立一個小組，日夜開工，而且要保密，不讓其他競爭對手知道。我們先以上海為試點，以一個城市開始，而且叫試點，在國內審批較容易，開通以後再推到其他城市也不遲，要緊的是要搶灘，爭取先發優勢。大家忙了幾個月，眾志成城，技術上已連線，試用過沒問題，我們的卡用他們的 ATM 機取款，順利提出人民幣。

　　選好良辰吉日，準備宣佈開通。萬事俱備，可是還未拿到監管部門的批文，無證經營的責任，誰都承擔不起，只得天天催，夜夜追，但是一直都沒有消息，拜託工商銀行的沈行長出馬拿沒有拿到，不過沈行長倒很有信心，他說這是城中盛事，不怕不批。

計劃公佈的日子已近，但批文一直沒有下來，總部也很着急，吩咐我沒有批文千萬不可開通，我口中也在嘀咕，沒有批文誰會宣佈開通，開玩笑。不過日子已定好，不能改，到了那一天，中外記者雲集，有一百多人，加上雙方請來觀禮的嘉賓，不下五、六百人，在外灘的工商銀行分行舉行開通盛典，車水馬龍，好不熱鬧。

不可測的環境要有“腦筋急轉彎”的應變能力

我與沈行長在大樓的頂層貴賓廳坐着，其他貴賓陸續來到前來祝賀，面上很是高興，但是我心中沒底，不過看到沈行長談笑自如，叫我放心，還有半小時，不急！怎麼能不急，下面的嘉賓、記者已經擠滿會場。香港方面，新聞稿也準備好了，我們已安排有人盯着，只要我在會上一宣佈開通，馬上通知香港發放消息，這是滙豐歷史上一項重要的里程碑，宣傳一定要到位。

原訂的時間已到，但是批文還沒拿到。沈行長說不急，拖一下。一拖二十分鐘，還是沒有消息，這時候沈行長也有點着急了，見到他的助手上來在他耳邊細語一番，心知不妙，不是好事，果然他過來跟我說，批文要再等幾天，我們就先跟媒體見個面吧！

跟媒體見個面是沒有問題，但是如果我們只是簡單地説説，工商與我們滙豐很高興有合作機會，今天就是感謝大家關注，請大家來聚首一堂高興高興……這怎麼説得過去呢？我們工作人員急得像熱鍋上螞蟻，不知如何是好。我看一看演講稿，急中生智，只要修改兩個字，"正式"改為"技術"，本來是慶祝正式開通，改為慶祝技術開通，然後再請各位試用 ATM，我們只說是技術開通，應該沒問題，然後再補一句，拿到批文之後馬上正式推出這一項服務。

　　從頂樓坐電梯到樓下，根本沒時間討論，趕緊囑咐同事通知香港，改兩個字，慶祝儀式照樣進行，跟沈行長打個招呼，他笑笑，好呀，他也改。一路走上台，下邊的同事已經知道批文沒來，擔心我如何宣佈。在台上我先講，鄭重宣佈雙方合作技術開通，邁向新的里程碑，日後才正式推出此項服務給廣大客戶使用，補上深深一鞠躬，倒也得到全場掌聲。後來過了沒多久，批文終於拿到了，我們再發新聞稿宣佈正式開通。

　　為甚麼當時批文沒有及時批下來，當然有原因，有人說是因為我們太高調，引起行家不滿，從中搞事。或許還有其他原因，我不想猜測，總之拿到這張批文，就已經功德圓滿。國內的外資銀行與本地銀行的合作，從此不斷，不過一般都是搞搞小意思，乏善可陳。一直等到幾年後滙豐入股上海銀行，再掀起另一股熱潮。可以說，滙豐在創新這一項得到相當高的分數。

第 31 回 "廣國投" 破產 影響深遠

　　1997 年的亞洲金融風暴，雖然中國並非重災區，但也不無影響，其中廣東省一直是外商投資的最大目標，也免不了受到這種危機的衝擊。1998 年 10 月 6 日，廣東省國際信託投資公司（廣國投）宣佈倒閉。廣國投的規模僅次於中信，是中國第二大國際信託投資公司，在國際金融界，有很高的知名度，也享有高度的信譽，國際債務高達八百億美元，證明在國際上，包括香港在內，對廣國投的信任並非一般。

　　這是改革開放以來，最大的一宗破產案，後來公佈的數字顯示嚴重資不抵債，資產總額佔負債的六成，而能追償的資產不超過三成，債務可追索賠償率只有百分之十八，引起各貸款機構的嚴重抗議，造成一場國際間的金融糾紛，具有深遠意義。

　　最關鍵的問題在於是否承認廣國投欠下的外債，等同非還不可的主權債務。多番的討論之後，結果是地方政府沒有直接還款的責任。這個決定是可以理解的，因為廣東省是最富裕的省份之一，如果要政府承擔債務，其他較落後的省份如果發生這種情況時，也會有同樣的要求。

　　最重要論點，是因為企業是"法人"，"法人"就有權利選擇破產來結束營業，這也符合中國國有企業的改革路線，企業自負盈虧，政府不再直接對企業的經營負責。道理上是講得通的，不過有兩點值得注意，第一點，當時地方政府對於企業的運營，並非採取完全不過問的態度，相反，政府廣泛介入企業的經營，企業行為與政府行為並不能完全獨立，不能說企業行為與政府無關，不少企業行為其實就是政府行為。第二點，這些企業、尤其是國投公司的外債，基本上都是政府的"窗口公司"舉的債，大部分的舉債都有政府的支持，這些"窗口公司"出問題的時候，很難把責任全都推到企業身上。

　　1999 年 6 月，國際債權人拒絕接受重組計劃，其中包括"剃頭"（Haircut）的安排，意思是要債權人接受損失，但這些"剃頭"的數目並非債權人所願接受的。這種"剃頭"安排有巨大而深遠的影響，心理上很難接受，過往國投就是政府，政府就是國投，根本分不開，借多少錢，做甚麼項目，都是同一班人說了算。國投本身是個窗口，也是一個殼，借了錢回來，給自己相關的企業做項目，外資債權人根本看不到財務報表，無法要求自己"戴眼鏡"做人。現在出了問題，才說要"帶眼識人"，未免有點牽強。

隔山買牛不如在岸管理

　　玩遊戲當然要尊重遊戲規則，可是規則不能隨意變化。不過付出代價之餘，大家也覺醒過來，做中國業務不能再像以前那樣，今後必須調整。如何調整？結果是有如八仙過海，各顯神通。我的看法是不能再從境外經營中國業務，必須要重整隊伍，開進境內，才能掌控風險，春江水暖鴨先知，在水裏才能更快知道水溫。在中國做業務很容易碰到不規範的事情，只有加強在岸的風險管理，才是上策。

　　1998 這一年，在建設工作上好像沒有甚麼進展，其實這也是事實，因為廣國投事件，加上廣東一帶對其他窗口公司的貸款都出了問題，光是忙追債，就已經夠忙。幾乎每個星期都要與其他債權銀行的代表一起，坐上香港廣州直通車，三小時火車，加上其他路面交通及等待時間，就是半天，開會不過是半小時，來來去去就只有那句話：政企要分家，責任自負。

外資銀行當年在國內做生意，不能與本地企業直接來往，要來往只能通過各地的國投公司，廣東有廣國投，陝西有陝國投。國投就是當地政府的窗口公司，跟窗口公司談生意，就等於跟當地政府談生意。當年，地方政府很多項目在手，有的要蓋機場，有的要造公路，有的建電廠，各式各樣都有。

外資銀行也不會只跟一家窗口公司做生意，幾乎與各個窗口公司都有來往，來往的數目也不會很大，五百萬美元至一千萬美元左右。同時，窗口公司也不會只跟一家外資銀行來往，向甲銀行借五百，向乙銀行也借五百，不愁借不到錢，因為改革開放的大前題下，誰都知道國內需要資金，需求是無限大，只是風險管控不容易看得準。

因為各窗口公司良莠不齊，信用程度在不同地方也有所差異。其實我們一直都有戒心，知道可信度要打折扣，只是沒想到會來一招"破產"，全部輸掉。

各窗口公司手上的項目大同小異，投入基建項目還可以，如果是投入他們旗下的企業，則風險很大，不少經營不善效益不好，再投入也不過是泥牛入海，毫無作用。窗口公司得到貸款，轉貸給其他企業從中取利，外資銀行借錢給窗口公司，賺點利息。不貸的話，甚麼也做不成，只靠貿易融資，根本無法生存。

　　不過這一次本地的金融風暴，卻讓外資銀行重新定位，不能像以前那樣，在境外"隔山買牛"，根本看不準，要在國內發展，就要進入中國市場，設置分支機搆，培養內地人才，建立地方關係，了解地方行情，吃過一次虧，手指燙傷，不能再重蹈覆轍。

　　我們開始籌建在中國境內的總管理部，同時調兵遣將，希望盡快在國內建立自己的風險管控系統，不能光靠香港那一套，來管理國內遠為複雜的信貸風險。同時也需要建立資產負債的管理，對於日益加大的流動性風險，一點兒也不能放鬆。我的建議得到多方面認可，如何在內地落實各項風險控制的措施，是燃眉之急。

第 32 回　四大華人天王

　　我在中國業務擔任總裁，向香港老總彙報，香港總部另有三名華人向香港老總彙報，香港的三個加上我，被媒體稱為"四大天王"，一時間在香港炒作得非常熱鬧。香港當年只有一個總經理，有三個副總經理，一個負責零售業務，另一個負責公司業務，而我擔當的中國業務總裁也是副總經理級。

　　媒體說有四大天王，雖說是炒作，但是在 1997 年前後的滙豐，的確有本地華人冒起，其中有"大哥"及"大俠"兩人，各領風騷。我雖是同級，不過風頭大為遜色，我一直比較低調，而且經常跑大陸，人不在香港不起眼，有甚麼風頭也落不到我的頭上。

　　"大哥"一直是我們的老大哥，掌管零售業務，多年來，人前人後我一直是以大哥來稱呼他。1990 年我出任零售業務香港分行總管的時候，便是向大哥彙報，他那時已是副總經理。我後來出任中國業務總裁，也是副總經理，級別雖然跟大哥平起平坐，不過輩分差一截，不容置疑。

　　"大哥"的年紀比我稍大，而年資比我高，江湖地位顯赫，稱他為大哥一點不誇張，大家都是這樣稱呼他，他也習慣了。大哥快人快語，受記者歡迎，同時他是華人龍頭大哥，跟華人有關的大事，高層必然會知會他，資訊也較豐富，所以有訪問總是先問他，有他擋頭陣，我們根本不用擔心出鏡的問題。

　　大哥喜歡跑馬，幾乎每次跑馬都是座上客，聽說他家裏電腦內有專門的程式，對於每次出賽的馬匹有科學化的分析，據說贏多輸少，在馬場贏的錢要比在銀行賺的錢還要多。不少高層在跑馬日都會到大哥那裏轉一下，希望弄一兩個貼士，贏一點錢高興高興。

華人老大仗義疏財

　　大哥疏財仗義，頗有江湖味道，而且從低做起，爬到華人老大身份，的確讓人敬佩。大哥不是沒有軟肋，不過既然是大哥，我做小輩看得到，也只能放心中，不能掛在嘴邊。後來選香港總經理，沒選上大哥，令不少人跌眼鏡，此後大哥開始參研佛理，講話帶有哲理，旁人聽上去，總要想一想才能明白。沒多久，他宣佈退出火線，離開銀行另謀發展，實屬銀行的一大損失。

　　"大俠"跟我同期，他是香港大學畢業生，比我略早一點進滙豐。"大俠"的稱號因何而來？話說 1974 年，我倆前後參加外展訓練受訓，他稍先一期，受訓完畢，回到總行大堂，因為爬山爬石略有閃失，滿身傷痕，他捲起褲管讓我們看腿上傷痕，當日他穿了雙皮靴，看上去，儼如一名大俠，這個綽號由此而來。當然或許還有其他說法，我無法根查，只是據我所知的記載而已。

　　大俠說話爽快，聲音宏亮，真有大俠風範。他跟大哥一直在香港，走得較為接近，兩人在銀行的確有過人魅力，我是望塵莫及。大俠有很長時間在貸款部，認識很多製造業的客戶，後來大俠被提升為香港老總，成為我的老闆。

　　另一天王姓顧，從外而來，主掌人力資源，他在銀行沒待多久，很快就離開，可能是媒體把他錯看為天王，其實不是那麼一回事。真正的天王，其實也不在這四個人裏面，另有真命天子。所以媒體炒作，有時候看到甚麼就說甚麼，不一定有深入調研，不可盡信。這是香港一個問題，不少事情都選擇從八卦的角度來報導，以期爭取讀者，也有不少讀者看報導是越八卦越追看的。

提到滙豐高層喜愛跑馬，一定要寫幾段。跑馬是俗稱，賽馬才是正名，香港賽馬會的名字也是賽馬，賽馬是英國傳統的"運動"，所以以前要叫皇家香港賽馬會，並非由皇家擁有或管理，不過具有皇家的精神而已，九七回歸後，皇家兩字經已去掉。

在香港，誰也不管是不是有皇家兩個字，只要有馬跑，大家心平氣和，每週兩次乖乖地到馬場報到。所以回歸前在香港為了穩定人心，用得最多的就是這句話宣傳語：五十年不變，馬照跑，舞照跳。馬照跑非常重要，是馬民每週所殷切期待的活動，不過舞照跳就不切實際了，香港跳舞的人不多，九七前灣仔的舞廳不少已經歇業。

合資集團買馬出賽

滙豐與賽馬有很長的淵源，甚至乎有高層集資買馬。在香港很流行自己養馬，不少有地位的人都養了三、五匹馬，做馬主比開奔馳、寶馬來得體面，因為不是有錢便可以做馬主，還得要有社會地位才行。而所謂自己養馬，並非真的是自己早上拿着馬糧去餵馬，是自己名下有馬，而託付馬會飼養，按月付費。

　　跑馬勝出是有獎金的，練馬師有，馬主也有，視乎馬的班次，獎金不同。養馬除了希望勝出有獎金之外，亦是一種高尚的社會活動，到馬會賽馬，衣香鬢影，一面吃飯，一面看跑馬，馬蹄的的嗒嗒跑過面前。因為在殖民地時代，外來的高管公餘沒甚麼事好做，賽馬自然成為一項高尚的活動，大家週末聚聚，喝喝酒（應該說是品品酒），評評馬匹的狀態，那是賞心樂事。

　　隨着時代的進步，本地逐漸冒出一些有錢也有地位的香港人，買匹馬養養，到時候出賽，請朋友到馬會吃頓飯開瓶紅酒，自己的馬走出來，請朋友到馬前面評論一番，毛色好，腹收得好等等，引來陣陣羨慕之情，是一種高級享受。如果馬匹跑出前三名，還有獎金，幾萬到幾十萬元不等，說不定下次還能再贏。

　　買馬是一種時尚，老闆級的人買馬自然不是問題，一百幾十萬不算甚麼，打工仔自己要買會有一定難度，不過大家合資成為一個集團，買匹馬就不會負擔不起了，所以集團式買馬甚為流行。在滙豐有好幾個集團，以大哥為首的本地高管有一個叫匯利集團，按照滙豐的慣例，這些集團都是以匯字開頭的。

　　我有幸被大哥認可，得以加入匯利集團，正式成為一名馬主，雖然佔股是十二分之一，不過走進馬會，昂首挺胸，自我感覺很好，馬匹勝出了，還可以拉着馬韁拍照留念，這也是一種身份象徵，不少人在辦公室內有一兩張拉頭馬的照片，很是威風。拉頭馬在香港是非常體面的事情，如果覺得自己的馬在某一場會有機會跑出第一名，一般都會事先邀請朋友到場，準備一起拉頭馬，到時候，又多一張照片威風一番。說來慚愧，做了這麼多年會員，我只不過有一張拉頭馬的照片而已。

　　由馬會會員六人以上、不超過二十人，便可以組成一個集團（Syndicate），向馬會申請購馬，每年可以申請的名額大約三百匹，申請一般都要抽籤決定，如果申請成功，馬匹便可出賽。養馬費每月三、四萬元，由集團成員均分，馬匹勝出，獎金由幾萬至幾十萬元，甚至過百萬元，非常豐厚。

　　我也花了幾萬塊錢，做了集團成員，養了一匹叫甚麼福星的，居然也跑出了幾次頭馬，賺回成本有餘，這時候才知道跑馬為甚麼會讓香港人上癮。當天的賽事跑完，贏的人想趕快再多贏一點，輸了的人也想快點再有下一場，想着要把輸的錢贏回來。

　　在滙豐，不僅有不少人對賽馬有興趣，而且一直都有些與賽馬有關的人在滙豐銀行工作，在尖沙嘴的告魯士，便是一個騎師的爸爸，我遠在 1974 年便跟當年一個姓盧的著名業餘馬評家共事，他身兼兩職，非常忙碌。一早要到馬場看馬匹晨操，研究馬匹狀態，然後寫下心得，發到報社。上班的時候，有不少人來找他，希望得到一些貼士，不過他的貼士大多數是擦鞋仔貼士，即是眾所周知的貼士，即使買中，賠率也不高，有時還會是山埃貼士，山埃是致命的毒藥。

第七章

重整旗鼓扎根浦東

美國網絡泡沫爆破，

香港創業板受到重創；

9.11 事件給全世界帶來威脅，

恐怖活動讓人心寒；SARS 鬧得人人自危。

經濟受創，社會不安，

2003 年 7 月 1 日五十萬香港人參與大遊行。

新世紀的頭幾年，

一樣沒有太多的好日子。

金融風暴後，港府銳意發展創新科技，企圖藉此改善經濟結構。讓人如癡如醉的網絡風，催生了創業板。1999年9月，創業板正式接受上市申請，資訊科技被視為香港此後發展的主流。可惜不如人願，2000年中，美國科網泡沫爆破，引發全球股市動盪，香港創業板的總市值，短短一年間蒸發了七成。科網股熱潮曇花一現，沒有帶來經濟復甦，相反，各行各業都受到牽連，失業率不斷上升，政府財政出現赤字。

2001年紐約發生了全球震驚的"9.11"恐怖襲擊，一片悲觀情緒中，前所未見的世紀疫症"嚴重急性呼吸系統綜合症"（SARS），蹂躪香港前後一百天，帶來極度的不安、焦慮、失望及憂心，全港經濟活動幾乎停頓，樓價大跌七成。一時間，香港人飽受失業、破產、負資產甚至死亡的威脅，信心盡喪，就在這個背景下，2003年7月1日五十萬香港人參與遊行，幾乎是每十個香港人當中就有一個走上街頭，抒發怨氣。

2000年5月，滙豐銀行中國總代表處終於順利搬進陸家嘴的滙豐大樓。上海人對滙豐有一種情意結，滙豐代表一種權威，不是政府機關那種高不可攀的權威，而是在每個人身邊可以依靠的權威。滙豐是香港一部分，也是上海一部分，最起碼是香港、上海一般人心目中的一部分。它的歷史，早已跟大家的歷史融合在一起。

在中國國內展開業務，其中最重要的一點，就是當時董事長說的一句話："滙豐只有黑與白，沒有灰。如果有灰，那就是黑，趕緊離開。"就是這種態度，給了我們很清晰的方向、簡單而扼要的一個原則。

第33回 陸家嘴成立總代表處

　　新董事長龐約翰（John Bond）一上任，就催促我們把中國業務團隊搬到上海。滙豐銀行一直都想在上海設立境內的管理功能，但問題是通過甚麼形式來建立這個管理功能。當時滙豐銀行所有在中國國內的分行，都算是海外分支機構，隸屬香港總部的管轄範圍，要在中國國內設立一個管理國內分行的單位，那等於是把香港總行的管理功能移到國內；但因為香港也是滙豐亞太區的總部，所以這個總部的管理功能不可能全搬到國內。如果只是分拆中國業務那一塊的管理功能，這個管理功能又不知道應該以甚麼形式在國內出現；如果這只是一個部門，出現的問題是怎麼滙豐會有一個獨立的部門設在國內？

　　後來到了2007年，外資銀行在國內可以成立獨立公司，這個問題才得到徹底的解決。可是2007年以前還沒有這個政策，滙豐無法在國內申請成立公司。還有另一個爭議的焦點，甚麼叫做"中國業務"？我們的定義是在中國大陸境內的業務，可是有人說，香港已經回歸，中國業務就應該包括香港的業務，所以設立中國業務總部，就是等於要把香港的總部搬到國內。我們當然不同意這樣的說法，只好與國內的監管部門加緊溝通，最後大家研究出來的結果似乎只有一條路，就是在上海成立外資銀行沒有營業性質的總代表處，只負責聯絡工作。這個結果不算得上是理想的方式，不過在沒有其他選擇的情況下，也算可行，起碼中國業務這個團隊可以落戶上海，基本上達到了董事長的要求。

　　同期間，滙豐要把中國總部搬到國內的消息傳出去之後，自然又

有媒體把滙豐在上海的"老大樓"提出來，都說滙豐回上海肯定回來
買老大樓；但當時滙豐的老大樓已經有其他銀行在使用，又有人猜測
難道這代表滙豐有意收購當地銀行？消息越炒越大，花了不少唇舌，
好不容易才把事情跟媒體解釋清楚。

　　正忙得不可開交的時候，又接到新的消息，董事長龐約翰宣佈更
改滙豐集團的全球標誌，在原有的六角形圖案上，加"HSBC"四個
英文字母，即是 Hongkong and Shanghai Banking Corporation 的縮
寫，表示滙豐集團將以香港的滙豐銀行作為核心。這個集團標誌還設
計了一個中文版，在英文版的基礎上加上"滙豐"兩個中文字，在香
港用的是原有的繁體字體，在國內用的是簡體字。但問題是只在中國
有一個中文版，再沒有任何其他外語版，相信只有一個恰當的答案：
中國市場有巨大潛力，需要利用中文讓我們的標誌更深入民間。

"道地智慧" 不如 "地方智慧"

　　後來更進一步推出"環球金融，地方智慧"的品牌標語，要說出
滙豐不僅有環球的實力，還有地方上的競爭力。講到"地方智慧"這
四個字，最初的方案是"道地智慧"，不知道這是誰的手筆？當時我提
出了強烈的反對，因為"道地"兩個字是不必要的複雜，讀起來也不
順口，後來"道地"終於改為了"地方"，也許這是因為尊重我的"地
方智慧"吧。

　　董事長龐約翰為了展示滙豐發展中國業務的決心，要在上海召開

集團的董事會，日期定在 2000 年底，而且要在滙豐的新大樓召開。那等於說，我們要在年底前找到一棟屬於自己的新大樓。結果，我們看中的大樓在陸家嘴金融街，是日本 Mori 家族擁有的 "森茂大廈"，1998 年落成，樓高 46 層，面向綠地，四面有景觀，是當時上海陸家嘴金融區的地標大樓。

Mori 這個家族蓋的樓房，從來只租不賣，但我們的想法是滙豐在國內總部的辦公地方，一定要是自己買下的物業，才能顯示出我們對中國市場的承諾；不但如此，我們還要取得大樓的冠名權。可是，當時我們需要的只不過是三、四層樓的辦公室而已。試想，這棟大樓是當年 Mori 家族在上海的旗艦，憑甚麼要改租為賣，我們要的又只是三、四層樓，為甚麼要把這棟大樓的冠名權給我們？再說，我們準備付出的價錢，也與對方提出的要求有一大距離。

一如所料，跟 Mori 家族的談判很不順利，雙方距離總有一大截，根本無法拉近。其中冠名權是致命傷，一談到此，基本上雙方就要站起來，鞠躬散會。Mori 家族有長遠歷史又有江湖地位，跟他們談判絕對不容易，幸好我們的談判團隊有很好的配搭，香港的老總林紀利坐鎮後台負責出價，我抓前面這一頭負責議價，來回十幾回，終於締造了一項奇蹟，我們與 Mori 家族達成協定，但其中一個條件是不能夠向外界透露交易的內容，我們當然接受，一直以來都遵守這個承諾。

接下來的工作是盡快裝修，80 年代香港總行重建的時候我曾經負責香港總行辦公室的策劃，自然已有一套的理念：設計要創新而又不失典雅。保持銀行應有的穩重，卻有時代感，用明亮的光線而又柔和的色調顯出一種親和力；其中一項最新穎的設計，是盡量減少辦公室的間隔，包括我自己在內，沒有人有個人的獨立辦公室，大家都坐在大廳裏面，有甚麼"高度機密"可以到會議室討論。這樣的設計把員工與我的距離大大拉近，亦表示出我的決心，要銀行工作保持透明度。後來董事長也表示支持，他說英國新建的總部大樓也要按同樣道理，減少辦公室，增加透明度。

2000 年 11 月 20 日，滙豐大廈舉行亮燈儀式。是日，由集團董事長龐約翰主持第一次在中國國內召開的滙豐集團董事會，這是滙豐集團的歷史盛舉。當晚由亞太區董事長艾爾頓（David Eldon）打鑼宣佈亮燈，在樓頂四個方位，清楚看到中、英文版的滙豐標誌，在上海浦東陸家嘴展示出嶄新的風采。

在亮燈的預演中又碰到了一個難題，原來組成銀行標誌的燈泡並非一點就亮，而是逐漸發亮的，這樣很難控制好時間。我們想出了一個辦法，就是先把燈開亮，然後用黑布把燈罩住，準備等到一聲號令，再把黑布拉下，算是亮燈。人算不如天算，當晚傾盆大雨，負責罩黑布的幾個人，穿了雨衣也都全身濕透，總算完成任務，但順利的儀式背後這幾位幕後英雄的事蹟，不講出來沒有人知道。

三十分鐘的距離搶先開展人民幣業務

其實在搬到新的滙豐大廈之前，早在 1997 年我們就已經進駐浦東陸家嘴的船舶大廈。為甚麼會搬進船舶大廈？一方面，之前我們一直在圓明園路四十多年，工作條件實在太差，根本不像滙豐想塑造的形象。另一方面，就是要在浦東陸家嘴營業，我們才能經營外籍人士的人民幣業務。我們追求的目標本來就是要經營人民幣業務，所以政策一容許，我們便立即搬進了浦東。

外資銀行在中國國內經營人民幣業務的發展歷程是這樣的：1994年以前，外資銀行只能以外幣貸款給中國大陸的窗口公司；1994年開始，外資銀行可以用貿易融資得來的外幣兌換成人民幣，從而持有人民幣；到了1997年，外資銀行才可以與外籍人士及外資公司用人民幣來往。

為了要搶先成為第一家外資銀行開展人民幣業務，每一步的申請程序我們都盯得很緊，不容有失。申請期間，我們知道還有一家日資銀行有意跟我們爭先取得許可。到了公佈當日，有關部門通知我們在早上十點鐘去拿批文；給我們安排拿批文的時間是十點鐘，我們擔心十點前是不是有其他銀行在我們之前獲發批文，心裏很不踏實。最後十點零二分，北京來電，批文到手了，編號是“第一號”。十點半才輪到那家日資銀行，他們拿的批文是第二號。十點零三分，我們在香港發出早已準備好的新聞稿，宣稱滙豐銀行在中國國內成為第一家能夠經營人民幣業務的外資銀行。

那時候，對外的宣傳工作非常重要，甚麼事情都要爭第一，尤其是花旗、渣打、東亞等，彼此都是爭分奪秒，大家都深切體會到這種無形競爭的壓力。我做總裁的幾年間，為滙豐搶到好幾個第一，甚至乎在媒體上能夠得第一的稱謂都是好事，比如說"貨幣雜誌"評我們為中國最佳外資銀行，一年又一年，大家好不高興。一方面是壓力，另一方面也是動力。不過就算搶第一，也只不過是在外資銀行的圈子內較高下，比起本地銀行我們外資銀行還是差得很遠。可笑的是，不少國內的同業把外資銀行看成是狼，狼來了，羊群遭殃。其實當時外資銀行的資產全部加起來總共才佔全國的2%，是不是狼，一目瞭然。

　　不過在中國經營，每個人都要搶得先發的優勢，各施各法，搶到了手再說。這種思維，逐漸滲透到自己的腦子裏，有點像別人說的那種"狼性"，樣樣要搶。其實外資銀行最要緊是要把基礎打穩，謀求可持續發展才是上策；彼此之間，更應尋求合作機會，例如市場信息共用、銀團貸款合作、培訓資源共用等等。

第 34 回　最難管控的風險是不守規矩

　　2000 年總代表處成立後，我在上海定下不少規矩。其中之一，工作再忙，週末要運動。高爾夫球不僅是一個與客戶打關係的媒介，也讓人學習守規則，培養運動精神，改善同事的精神文明，潛移默化，提高個人修養。

　　高爾夫球在香港是高尚活動，要成為會員才能打球，要申請會籍要別人介紹，還要等上好幾十年。我在 1990 年申請香港高爾夫球會會籍，如今還在排隊；據說今天如要申請，可能要排六十年。1997 年前在香港，我看到這個問題，請纓作調研，研究購買在深圳而性價比較高的會籍，我提出了方案，用四千萬港元買入近一百個名額的會籍，分佈觀瀾湖、西麗及深圳幾個高球會。當時香港老大施偉富，看到我的建議有點心動，不過數目太大，如果倫敦問起來，覺得不好交待，一直遲遲沒有落筆。我看這些會籍一定會漲價，知道他這個人心軟，最怕別人死纏爛打，我在他辦公室賴着不走，死命擔保，等了好一會，終於簽出來，後來倫敦方面也沒有反對。香港中層幹部開始用銀行會籍接觸高爾夫球，當年三個球會在深圳都是頂尖身價，一時間大家十分雀躍，週末經常結隊過關打球。

　　來到國內，我的規矩也是一樣，每個地方的分行都要有個會籍，讓我們同事可以到球場裏接觸高爾夫球，學會了可以跟客戶打。在國內，高爾夫球在 2000 年開始流行，球會會籍逐漸升溫，以上海為例，價錢由原來的幾萬美元直線上升。打高爾夫球講究守規矩，但在國內，不守規矩的總是屢見不鮮，算積分時，本應一桿就是一桿，不能打了六桿，積分卡上記的卻是五桿；更有些開球開得不好，就要"摩"一下，"摩"就是"摩利根"，即是英語再試一次的意思。在國內打球不流行算差點，沒有讓桿的概念，也沒有誰先誰後的理論根據，看到球，都恨不得馬上衝上去打一下，我就曾經在果嶺上看過四個球四個人一起推的壯觀鏡頭。

在滙豐長大的，素來有"嚴格"的規矩，做事只能這樣，不能那樣，有點死板。在銀行裏工作，講究守規矩，公餘打球亦不應例外。我"教"人打球，同時教人要守規矩，打高爾夫球也有打球的規矩，而不是拿了球桿，上球道隨便揮兩下就可以。不說別的，光是衣着，打高爾夫球便有講究，第一，牛仔褲不准進球場，但在國內甚麼都能穿；第二，手機不能用，怕影響別人打球，但在國內甚麼地方都可以用。就算有規矩，也無法執行，這就是最大的問題，有規矩，可是規矩無法執行，奈何？

我們來到國內設立總代表處，招兵買馬，培育人才，我一直想鼓吹守規矩的重要性。企業要談可持續發展，就得先讓大家學會守規矩。

坐電梯，蜂擁而進，沒有秩序可言，擠不下也要擠，就是不能吃虧。用洗手間也一樣，好好用不行，偏要弄得一地髒兮兮。本地的方法是貼標語，走形式，在洗手間裏貼幾張像口號那樣的標語"保持清潔，人人有責"、"走前一小步，文明一大步"之類的話，沒有實效。洗手間只是其中一個例子，其他很多事情都一樣，大家都不守規矩。可以想像，要往下推這種守規矩的精神一點兒也不容易。

從一個頭等艙待遇的洗手間開始

我告訴我的同事，我承諾給大家一個清潔的洗手間，給大家一種頭等艙的待遇，但大家也要承諾保持洗手間的清潔。我的做法很簡單，請了專門清潔的人，站在門口，每次有人用完，清潔工人馬上清潔，大家每次進去時都是剛清潔完的環境，看到洗手間如此乾淨，大家也不好意思把它弄髒，久而久之，洗手間就經常乾淨如新。

這裏面的道理就是要大家不要事事"讓伊去"，"讓伊去"是上海話，指的是讓事情隨意去，不用管，不管的結果就是髒亂。環境衛生一定要管，不然一定髒亂；辦公室做事也一定要管，否則就雜亂無章。守規矩很重要，並非貼幾張標語便有效，一定要不厭其煩，你弄髒，我立即給你弄乾淨；你再弄髒，我再弄乾淨。時間一長，保持清潔就變成了習慣，那就不會隨意把地方弄髒了。在國內經常會遇到些不能接受的本地習慣，我絕不會袖手旁觀。既然形象重要，我們就應該加大力度，猛抓守規矩，堅持到底，才會有成效。最要緊的是領導先要以身作則，自己守規矩，才能希望下面的人守規矩。

在國內工作，經常跟員工講守規矩，其實很難，因為規矩是一種無形的束縛。我們在家從小到大，家長都是要我們守規矩，規矩就是方圓，只能在裏面，不能走出來。其實，守規矩難的原因是因為大家不守規則。規矩與規則有甚麼區別？規則是明文規定好的，比如說這條路不准開進，有一個符號說明不准駛入，那是規則。規矩是甚麼？

如果有兩條線併為一條線，並沒有明確的規則，可是照規矩是左邊一輛，右邊一輛，輪流開進那唯一的路線。就是因為平時不守規則的車輛太多，哪能夠談到守規矩呢？

做銀行工作也一樣，不是說有規則就可以了，還要有規矩才行，規矩是一種無形的約束，把個人的行為控制好，按照規則辦事。規則的英語是 Rules 或 Regulations，而規矩是 Discipline。在國內，定規則不難，每個單位都有一大堆規則，可是能夠按規則辦事的人真不多。不管是規則還是規矩，最重要的是一個"守"字，守就是遵守的意思。

原始方法"不厭其煩"最有效

剛從香港搬到浦東的時候，跟本地員工相處有不少的話不容易說出口，說得太明白怕傷了感情，不把規矩說明白，大家又不會改。事無大小，不花時間沒有效果，所以每天總要花不少時間跟大家講明白各種規矩。記得我跟辦公室的劉阿姨還說到咖啡照規矩應該怎麼泡才對，就是做事要有規有矩，水到甚麼溫度泡下去、倒多滿、糖奶如何處理都有規矩，把規矩摸透，守規矩泡出來的咖啡就不一樣。

我能做得到的就是"不厭其煩"四個字。如何認識規矩？如何遵守規矩？一點都不放過。我每週寫一篇五、六百字的"王總的話"，把事情的來龍去脈說清楚，做甚麼？為甚麼？這一篇王總的話，不僅講守規矩，也包括其他想跟同事分享的想法，可以說內容豐富，每週一出版，不少人昂首以待，看我有甚麼話要講。

　　"王總的話"是一種思想工作，把大家的思維納入正軌。甚麼是規矩？甚麼該做？甚麼不該做？寫了接近兩年，有點效果，到我離開崗位的時候，大家把我以前所寫過的話，包裝為一本書，內部發行。大家都知道，守規矩不能靠別人提醒，要靠自己提醒自己，而且要持之以恆，這就是先決條件。

　　單是講"守規矩"這一道題目，就可以天天講，講的時候大家都在點頭，好像全都裝進去腦袋了。回過頭，一有利害衝突，規矩馬上放腦後，能搶就搶。大家都搶，不搶的就成了傻瓜。搶甚麼呢？就是要搶在別人前面，商場如戰場，搶在別人前面或許沒有甚麼不對，不過要搶也不應該把已經在前面的人推開而自己擠進去。這是我看在中國經營最大的風險，其他的風險還有辦法防範，唯獨不守規矩是最難管控的風險。

第 35 回　最渴求的資源是人才

　　董事長總覺得我在國內招聘見習生不夠積極，我一年請十個，他說要請"一百個"，意思是請多少都不足夠，他的話不是沒有道理，但是做起來有難度。

　　滙豐的見習生制度造就過不少人才，接觸過我們內地培養出來的見習生，都會留下深刻的印象，看上去是一表人才，講說話是談吐斯文得體加上外語流利；加上在滙豐的培訓，又有多種輔導，完成培訓後在金融界肯定有叫價條件。這一點滙豐理解，支付的薪酬比市場要高，完成培訓後，又能享用低息貸款買房，加上海外培訓，總的條件比別家銀行要強，雖然比起極端的例子還有所不如，但中肯的說，應該也不差。

　　問題在於這批學員大多數是本科畢業生，最終目的是要到外國爭取一個更高學位，滙豐變成了最好的跳板，這些想法我們都理解，也願意承擔這種風險，按照高層的說法，要多請，準備流失。我不贊同這種做法，請了太多，照顧不了，顧此失彼，見習生也可能學藝不精，失去原有意義。請研究生也有難度，不少研究生認為進銀行做見習生有失身份，不願意來。

　　海外的學校也正是"求才若渴"的時候，因為只有中國學生付得起學費，有些付不起的，學校也願意給獎學金，目的就是要吸收中國學生。有人懷疑這是美國的陰謀，把中國人才挖過去，希望他們畢業後繼續留下，為美國公司服務。不管這是真是假，但對許多本科畢業生來說，能到美國深造，是夢寐以求，難以抗拒的。有一次我到美國加州大學講課，來自中國大陸的學生佔比遠超香港、台灣，名校裏更明顯，學生的姓氏大多數都是以 W、X、Y、Z 字母開始的，一看便知道都是來自國內的。

　　銀行把見習生培養好，就被海外的巨大吸力吸走，銀行成為了一個培訓基地，因此面對兩難的局面，請高材生的結果難免流失，不請也不對，沒有優秀的新晉人才如何接捧。對我來説，更有一種情感上的失落，因為早期的見習生都是我精心挑選，而且後來的培訓，我也出了不少力氣，每個見習生都有我個人付出的感情。可是留得住沒有幾個，想起來多少有點惆悵。

　　難道是見習生制度有問題？要挑選更高學歷還是要降低程度？又難道是我們銀行沒有前途？要發展便要本地人才，要本地人才便要加速培養，可是培養後又流失，那該怎麼辦才對？思考這個問題的時候，就會想起中國業務的艱難前途。

　　其實，答案不是沒有，只不過不符合滙豐的固有精神。滙豐的傳統是要自己培養人才，不願意從外挖人，自己培養的人才容易鞏固企業文化，不為外來勢力侵蝕。只可惜，在中國這個特殊的市場，大家都在走短線，有生意趕緊請人，沒生意炒人，哪有企業像我們這樣近乎"傻乎乎"的培養人才。這樣的態度才能培養出像我這樣"傻乎乎"的人，不管風吹雨打，只要能出力的時候總不退縮，也沒有要求各種更好的待遇，隨遇而安。這是美德？還是愚蠢？或許可算是一種過時的美德吧。

從容自在最重要

　　我們在上海招聘，很注重儀容與談吐。不是說要長得好看才行，起碼要看是否有良好的儀容。為何有此考慮？其實不難理解，做銀行是吃"開口飯"，跟電視台有近似之處。顧客跟我們接觸，儀容得體的總有優勢。肚子再有學問，如果面目不討人喜歡，衣着誇張，再加上一肚子都是草，談吐粗俗，一經接觸，豈不就把顧客嚇走。我在這方面有很高的要求。首先市場不缺人才，不要委屈求全，降低要求。其次，有品味的人才能影響其他沒品味的人，整家銀行才能有品味，這樣才能吸引有品味的客戶，因為做高端客戶是將來的動向。

　　未來的行政人員的要求，還要能夠接受媒體的採訪，製造良好的社會形象。我特意請了電視台的人來做培訓，像真實情況那樣，有燈光、有攝影、有錄影、有記者採訪，事後有點評，甚麼好、甚麼不好，這樣的培訓才能提高應付傳媒的能力。這一個培訓有兩樣事情給了我不少啟示。第一，人的微笑最值錢，卻又不花錢。微笑的你，比不笑的你好看兩倍有多，不相信，自己照鏡子看一看。有微笑的你，解決客戶投訴，要比沒有微笑的你，解決問題容易四倍，這都是有根有據的調研結果。第二，在電視上接受訪問的人，講話超過一段時間後，觀眾便失去興趣去聽，只會去看這個人，頭髮有沒有梳好？領帶有沒有歪？牙縫裏有沒有東西？沒有人再有興趣聽這個人講甚麼。而觀眾有興趣聽你講甚麼內容的這段時間只不過是十三秒而已。

當我們接受媒體採訪的時候，尤其是面對攝像機的時候，特別緊張，生怕出錯。其實觀念錯誤，原來講甚麼不要緊，大家看見的這一個是怎樣的人更為重要。儀容能否展示出這個人的素養，臉上是否有微笑顯示出他的信心（當然有些場合不宜有笑容），眼神是否集中以表示他的誠懇。這些都是形象方面的考慮，往往比講話的內容來得重要。在國內這些東西一般不受重視，上鏡頭拿了稿子照唸，受罪的是觀眾。既然我們已叫出"以客為尊"的口號，就要身體力行，真的把客戶當做我們尊重的對象，甚至不只是客戶，身邊的同事也一樣，我們都要以笑臉迎人。

不是說有笑容服務就好，可是想服務好，笑容是條件之一。我參加面試的時候，不會問些經濟發展前景、如何做大做強等的嚴肅題目，相反，我會請對方說一個故事或一個笑話，看看對方如何應對，接得上來的一定是反應快、人靈活、態度從容自在，而且有輕鬆的一面，能夠輕鬆的人，臉上一定有笑容，請了決不會錯。

不但是見習生能否留任是個難題，外資銀行的老總更是稀缺人才。

2002 年，來到上海工作已經兩年有多，發現外資銀行之間的距離很接近。之前在香港的時候，競爭對手很少見面，雖不至於採取敵對態度，彼此一般保持距離，很少會坐下來喝杯茶，吃頓飯，記得似乎只有滙豐、渣打每年有高爾夫球賽，賽後輪流安排飯局。

互相競爭不如加強溝通

在上海，滙豐、渣打及花旗三大行之間，老總關係十分友好，像香港人說的：同聲同氣。有甚麼事，我們會聯手到監管部門申訴我們對一些決定的不滿，團結就是力量，三個人一起去，經常有意想不到的結果，把原有的決定暫緩一段時期。我們三人，我、花旗的施總及渣打的黃總經常"碰一下"。

花旗的施總是個老外，中國風土人情掌握得很好，不過還有點老外個性，講話應該不客氣就不客氣，跟他一起去開會最好，有甚麼話我們上面不讓講的，讓他講，他也樂意。他的年紀正好比我小一輪，差十二歲，也屬牛，幹勁十足。我們平時叫他 Rich，本來是他名字的簡稱，但這個英文字也是有錢的意思，所以我們經常笑他在花旗賺了不少錢，所以富有。花旗在國內的投入遠遠不及滙豐，可是也享有同等的待遇，所以我經常取笑他公關做得好，錢花一點點，效果一籮籮。很可惜，施總在 2009 年病逝，令人扼腕。

渣打的黃總也有意思，很有中國情懷。他原來是外匯總舵手，操盤技術高超，幾乎是穩賺，當時把他放在中國大陸，要他抓細微的分行管理，可能真有點張冠李戴，浪費人才。他的普通話當時還很普通，有些笑話不是每個人都能全部聽得懂。後來沒多久他便買棹歸航，回香港去，在電視上還經常見到他評論外匯走勢，風采依然。

當時我們三人在上海經常聯手跑監管單位，大家各施其法，向當局解説我們外資銀行不是狼，只是小羊，不要因為不正確的傳言，把外資當做狼，而加以打壓。沒有分行網絡，便無法吸收存款，沒存款便放不了貸款，全部外資銀行的貸款總額只佔本地銀行的百分之二，在可見的未來，外資銀行還只是小羊，絕對成不了狼。記得人民銀行邀請我去講話，講講外資銀行如何應對競爭，我當時笑着說，外資哪有資格跟本地競爭。相反，我們應着眼外資與本地銀行之間的相互合作，才是最好的對策。

平時我們三個人輪流請吃飯，管他窗外風雨聲，倒也談得來，天文地理、高爾夫球等題目各自吹噓一番，一個夜晚就此過去，倒也很有味道。滙豐銀行一向都抱開放態度，同行間總有合作空間，不會太拘謹。當時人民銀行在上海的部門領導也很開通，不時參加我們的活動，毫無架子。講競爭，不如講溝通來得更有意思。

第 36 回 "蘇格蘭精神" 落地有難度

　　滙豐幾任的董事長，浦偉士、龐約翰等都奉行蘇格蘭作風，浦偉士本身就是蘇格蘭人，身體力行，其節約作風遠近馳名。這種節約作風，沒有人覺得不要得，相反，這種企業文化把每個人都深刻感染。身為總裁，我希望把節約文化帶進國內的滙豐。

　　不説別的，就説坐飛機吧，高管出差，理應起碼是商務艙，可是滙豐的規矩（明文規定的規矩）是三小時內的航程都是經濟艙，包括董事長本人。相反，我是中國總裁，如有特殊情況，例如要跟客戶同行，客戶乘坐商務艙時，我可安排升艙，不用請示。所以有這種可能性，我跟董事長同機，他坐經濟艙，而我跟客戶坐商務艙，不過這種概率不高。

　　記得有一次，倫敦及香港兩個董事長與我一行三人，拖着行李經過頭等、商務艙，正"蹣跚"地走進經濟艙，沒想到我們香港那邊投資銀行有好幾個年輕行政人員，正坐在頭等艙喝着香檳，看到我們三人從旁走過，一臉錯愕之情，趕緊低頭避開眼神接觸。兩個董事長卻若無其事地走過，坐下之後，跟我打個眼色，意思是要我記得跟他們説一下！下飛機沒多久，那幾個年輕小伙子藉故上來跟我打招呼，結尾時低聲加了一句："我們自付差價。"聽起來似是笑話，其實是企業文化的精神所在，從頂做起，有榜樣，才能潛移默化，這就是滙豐引以為傲的企業文化。

　　不僅是節儉，蘇格蘭作風還要求自己遵守規矩。蘇格蘭人有規矩，而且尊重規矩。我們先聖也有"君子慎獨其身"的要求，道理就

188

跟蘇格蘭人尊重規矩有異曲同工之妙，不會因為沒人在旁，便破壞規矩。

滙豐還有一條很有意思的規矩，到了地方，就是地方官做決定，住甚麼酒店，吃甚麼飯，坐甚麼車，由地方官安排。對地方官來説也是一種考驗，如果樣樣頂級安排，肯定出問題。有某些地方官不懂節儉的精神，還會向人施"壓力"，説我們總部領導來了，要對方給優惠，住五星酒店付四星級費用，還要炫耀自己關係有多好。這種做法其實是不懂節儉的內涵，節儉不是説捨不得花錢要好東西，節儉的精神根本就是不用超過需要的"好"東西，甚麼都只要合乎需要便可以。

記得有趟香港董事長施德倫（John Strickland）自費遊天津，事前説好要請天津分行裏五人連家屬一共十個人吃飯，由行長挑人，董事長付賬，只有一個條件，要吃得地道，但不能安排在酒店。儘管千吩咐、萬叮囑，怎知結果還是安排在酒店，叫了一桌的大魚大肉。雖然分行行長已經埋了單，但之後董事長還是給我發了個電郵，要我"解決"這筆賬，於是我建議"三分天下"，董事長一份，是他説請客，三分之一差不多是他的預算；我一份，我沒有讓行長聽懂指示，有責任；行長一份，不按本子辦事，也應負責。

三餸一湯的堅持

前幾年，我們在香港為了響應國內的號召，請客吃飯一律四餸一湯，香港董事長更進一步，他請客三餸一湯便可。平時倒也相安無事，香港請客簡單為主，吃完就走，三餸一湯更好。有趟董事長請國內某領導，大家有點擔心，怕三餸一湯失禮客人，但多加一道菜便要請示董事長，又沒人願意。那怎麼辦呢？我一看菜牌上的三道菜，其中一道是木耳炒蛋，靈機一觸，把木耳炒蛋，分兩盤上，一個叫木耳炒蛋，另外一個叫蛋炒木耳。菜單原叫"游龍戲鳳"，再加一道"戲鳳游龍"，馬上改為四道菜，而又不用請示。在席上我沒有多做解釋，董事長也沒有問。

在滙豐，報銷也有不少特色，蘇格蘭精神照樣合用。當年我不想太苛刻，定下較鬆的標準，出差時，早餐四十五元，中飯一百二十元，晚飯一百八十五元，這種標準，到國內哪個城市都不應該有難題。請客戶吃飯，只能由最高級的埋單及報銷。或者有人會說，跟客戶吃飯不能太寒酸，不吃三頭鮑，也要三十二頭鮑，總不能上麻婆豆腐吧。這不是沒有道理，但批歸批，申報時最好註明有甚麼生意經值得我們這麼大手筆？理由不充分，打回頭，不批。如果全部都是同事，不用説，費用一定自己付。用荷蘭人的方式，各自分賬。

要想在上海講節儉並非易事，因為這個城市流行的是講派頭，講氣派，要體面，賣相要好。上海人講面子，吃飯時前菜幾道涼菜、烤麩、小黃魚，再來點海蜇頭。跟着上熱菜，有魚有肉，加上主食，缺一不可。點菜的原則是寧多勿少，吃要有排場，就算吃小籠包，也要加點蟹粉，味道好一點。

不但是當年，即使在今天，要在國內推行節約仍然相當不容易。

第 37 回　兩種文化的融合不容易

　　香港人來上海大概分為三個階段，第一個階段是 95 年前，是先鋒。他們都懂國情，話不多，心裏清楚得很，上海人是怎樣的個性，大家河水不犯井水。第二階段是 95 年到 05 年這十年。這時候的香港人開始抱有一份情懷，大概是因為 97 回歸，不少到國內發展的香港人，不一定說要做貢獻，起碼願意投入時間與精力，希望打造一番事業，井水開始混在河水裏。第三階段是 05 年開始。這時候已經不但是香港人在上海，海外不少人回流，再加上老外，香港人所佔的比例直線下降，新的一代不像來做貢獻，像來淘金，講的是買房子、炒股票、哪些東西好吃、開甚麼車像樣，河水、井水、海水甚麼都有，多元文化從此展開。

　　我是在第一階段結束、第二階段開始之際進入中國。記得當年傻乎乎，充滿情懷，希望上海人、香港人結合在一起，共創新天地。後來才知道香港人跟上海人是兩種全然不同的文化，要結合起來，共創一個大家都認同的企業文化，談何容易。

　　上海人喜歡把自己有的放桌面，讓人全看到，住多大的房子，開哪種汽車，哪裏有別墅，甚至連自己以前兩代在上海名校向明中學讀書都告訴你。香港人不一樣，喜歡把東西都收起來，放在抽屜裏，表面上看不出來，有可能跟香港人做了一年多的同事，還不知道他家在香港哪裏。

　　一般人都認為上海人精明，也有人不服氣，加一句，上海人精明，不過不高明。甚麼意思呢？精明就是會算賬，四捨五入變為四五全入，談生意時，拿了小算盤，只有自己有利，其他人不管，這或許就是精明，不僅金錢方面要佔優勢，嘴巴上也不放過。過分精明，雖然有一時的勝利，不過不能持續，因為只此一次，沒有下回。這樣做不會放長線釣大魚，或許這就是不夠高明的説法。

是否屬實，我不敢説。不過上海人不吃虧是事實，香港人在這方面也不是省油的燈，因為他們也有"執輸行頭，慘過敗家"的説法，執輸就是輸掉給別人，行頭就是走在前面。也即是説，香港人也是着重爭取先發的優勢。香港人和上海人都是不肯吃虧的人，怎樣能合在一起工作，而又合作愉快呢？記得有一次在員工大會上我講過一個題目，有關雙贏雙輸的道理。

不爭小便宜的大道理

雙贏自然最好，大家都想要。雙輸最不好，大家都不想。那我問大家：第二好是甚麼呢？大家自然想到我贏你輸，不過人前不好意思説出來而已。我接着説，我贏你輸，事情很難談得攏，很容易轉變為雙輸局面。反過來説，我輸你贏，讓你一步再談，事情就好像很容易談得攏，一下子變為雙贏局面。所以我輸你贏也是一種催化劑，可以把結果催化為雙贏。我贏你輸很可能是精明的結果。我輸你贏也很可能是高明的結果，當然要輸得起才行。

我跟大家説，我輸得起，也願意輸，只要事情最終做得成沒關係。想要佔我便宜的，儘管放馬過來，事事有商量。對大家來説，這種説法，出自總裁口中，前所未有。記得一個小故事，我們剛搬進滙豐大廈，樣樣都新，就是大家用來飲水的，還是以前用的那種裝咖啡的瓶子，用完後當茶杯用，跟新的辦公室很不匹配。我叫人去深圳找到一種保暖杯，還印上"HSBC"的標誌，大批買也不貴，我就自己付了錢，沒有報銷，發給每個同事一個保暖杯，説好是取代舊的那種水瓶，沒想到派發之後，大家在辦公室用的還是之前的瓶子，原來保暖杯是好東西，大家都拿回家了。人急生智，把總管叫來，在人前把他説了一頓，我説本來就是每人兩個杯，一個在家裏用，一個在辦公室用的，結果第二天在辦公室大家都開始用新的保暖杯。誰高明？誰精明？説不清楚，可是我已達到目的。

為了小便宜，失去大生意，絕非精明，也不高明。放點小便宜，得到大生意，這才是高明。跟人談這個題目不容易，看他們眼睛盯着你看，必然在想，有甚麼缺口，他們可以切入，説我説得不對。好勝的心態就是不能禮讓的原因，在時下的社會風氣影響下，這種態度不是一時間可以改變。

2002 年，已經在國內工作一段時間，發現學習機會很多。其中文化差異，更是林林總總，不可勝數。我覺得，有不少人具有比較強的自我中心的性格，自己説的自以為是，別人説的不以為然。不要小看這兩句話，很多事情的核心都在這兩句話，表面上與內心是兩碼子事。不要看到某人聽你講話猛點頭，以為他接受你的説法，其實他內心可能另有一套，他做事有他一套，根本與你講的東西不一樣，南轅北轍。應付這種人，最好讓他表態，不要讓他只聽不講，要讓他講，從他的説話中總有地方可以看出端倪，多少可以猜到他內心裏是怎樣的立場。

大事小事都在晨禱會"過一下"

這就是溝通的重要性。滙豐講究內部溝通，有所謂的晨禱，不是真正的禱告，是各有關人士找機會碰一下。在某天規定好的早上，規定好的人聚在一起，有主持人，一般是最高負責人，跟大家講每個人周邊的事。讓大家都知道這件事的來龍去脈，比如説要發一張聯名信用卡，這是跟誰發，為甚麼要發，有甚麼好處，有哪些潛在問題等等，簡要的把事情説清楚。又或者提到信貸要收緊，為甚麼收緊，要收緊多少、多久等等，其他部門的人便都知道了這件事，有需要便配合，如果有人有不同意見，趕緊説出來，主持人便會主持討論，辯證這種做法是否妥當。

在香港有高級晨禱，由董事長主持，主要地區及部門首腦參加，每月一次。一般在週六早上，因為當年週六半天，而且較輕鬆，時間充裕，大家聚一下，交換意見。另有普通晨禱，可以較為頻密，每天一次，一般由各部門老總參加，地區老總主持。同樣是有事大家過一次，輪到你不講兩句也不行，別人都煞有介事，自己不能做啞巴。晨禱會的核心價值是經過溝通吸取別人不同意見，把"自以為是"的情況減低，加強構建團隊意識。

　　我把這種溝通的辦法搬到上海，高級晨禱每天一次，我親自主持，由各部門老總參加，有時還請其他有關人員到席旁聽，也可以發表意見。主要目的是想通過這種聚會改進溝通，讓大家都能知道銀行裏的事，有意見提出來。當然不能完全消除"自以為是"的態度，起碼有溝通，可以把某些人從象牙塔中拉出來，跟大家接觸，把思維調到同一波段。

　　"自以為是"與"不以為然"是孿生兄弟，有"自"便會"不"，有"不"就有"自"，兩者分不開。任何單位裏都有這樣的人，他們的特性是自己的說法自以為是，別人說的不以為然。這種企業現象，其實是社會現象的延伸，社會上有這種人，這種人進入了企業，企業裏才會有這種現象，換句話說，這是無法改變的事實。

　　在上海，這種"不以為然"的社會現象無處不在。最明顯的就在我們周邊的馬路上，不看別的，光看那些旁若無人的自行車，與我們擦邊而過，對於交通規則完全是"不以為然"，綠燈他們過馬路，紅燈也過馬路，紅綠燈等於廢置，有規則在他們心目中亦變為無規則。等於說，這種不以為然的心態牢牢把我們的馬路佔據了一半。這些騎着自行車上班的到了公司，有可能馬上改變過，把剛才的"不以為然"放一旁，按照既定的規則辦事嗎？這種"不以為然"還會傳染，不相信，你試試看，騎一輛自行車過馬路，每個人都是橫衝直撞，漠視交通規則，你會傻乎乎的站一旁，奉公守法，按照交通燈的要求過馬路嗎？相信很難。

　　"不以為然"在日常生活中，處處可見。説得難聽，好像是一種病態。為甚麼呢？因為貧富不均，收入不平衡，讓有部分人產生一種抗拒心理。對於別人的成就，有理無理產生抵制心理。比如説，看到別人開車，而且開的是進口寶馬名牌，自己用的還是十年前的那輛鳳凰牌自行車，心裏不平衡。不敢正面搞對抗，只好把馬路佔為己有，想怎麼走，就怎麼走。這種人到了單位也一樣，洗手間、茶水間全部私有化，想怎麼用就怎麼用。這種人心裏面的反抗意識很強，最明顯的現象，就是忽悠，弄幾句表面文章，讓人看不清楚；更厲害的會跟你扯皮、或扯淡，讓你不得要領。這就是"不以為然"帶來的結果。

　　在辦公室裏一般的事情我都是萬事好商量，不過對於這種"不以為然"而危害大眾的事情決不讓步，"自以為是"也就算了，"不以為然"而漠視規矩的我絕不姑息。但這種事情不能用一個人的力量來對抗，要用團隊的力量，從日常做起，我們打造一種相互合作、團結一致的精神面貌，這種人自然不習慣，要麼走人，要麼就改過來。大家不妨試試看，這方法很管用。

第 38 回　年度盛事謁見總理

　　謁見總理，是滙豐每年一度的盛事。倫敦董事長每年四、五月期間就會跟我們通氣，説八、九月來中國，要約中國的總理見面，主要是藉此見面的機會，交換對當年經濟金融形勢的意見，同時重申滙豐在中國拓展業務的決心及承諾。安排謁見總理，是給滙豐的一種認可，其他銀行也有同樣安排，可是並非一年一度，最多兩三年一次。可見滙豐在中國外資銀行中舉足輕重的地位。

　　約見總理當然不是一件易事，是我們北京行長使出渾身解數爭取表現的好機會。第一步，我們要向負責港澳事務的港澳辦公室彙報，爭取預約機會，如果回覆説“好的，我們盡量想辦法”，這已經算是最理想的情況，要説好哪一天、幾點鐘，那是不可能的。 可是倫敦是老外作風，非得要説好幾月幾號，下午 3 點半就是 3 點半，一點都不能含糊，一定要我們確認。我們都知道確認是無法確認的，但是不確認也不行，只好硬着頭皮，回覆説就是這個日子吧，我們也知道倫敦那邊辦事的人，肯定會告訴董事長已確認日期時間，而且會把飛機票訂好。對我們來説，這有點像立了“生死狀”，答應了就不能不算數。

　　之後幾個月，坐立不安。第一，不能催，其實催也沒用。第二，希望沒有突發事件，影響總理日程。尤其到了那個月份，簡直如坐針氈，所謂船到橋頭自然直，每過一天，情況就更明朗一點。大概到了董事長要到北京的前一天吧，有點眉目了，不過見面的時間還拿不準，還是要等通知。我們的準備工作並沒有停頓，我們參加見面的人不多，五至六人，本地兩人，我和北京行長，香港兩人，香港董事長及鄭先生，以及倫敦董事長。還有一名翻譯，是我們香港的公關經理黃小姐，其實要講的內容早已擬定，董事長早已看過，但見面時他是不會看稿的。

見面時間不長，所以講話的內容必須簡短，點到即止，從眾多事情中，選兩三點，並非易事。還有，如果總理問話，如何讓董事長知道更多，都需要事先做好頭腦風暴，模擬幾道題，以備萬一。

一個"澎"字的深層意義

在這裏，不得不提親身深刻體會的一件事。謁見總理的時候，一般是不用遞上名片的，與總理握手的時候自然有人在旁告訴他這人是誰，那一年，輪到我的時候，總理停下來問我的名字中的"澎"字是甚麼意思，我說是水深之意。他笑了笑，說他也花了一點時間，在《康熙字典》中找到這個字，正是我說的意思。我很感動，連總理這麼忙的國家領導，也會關注我的名字。

我笑說我這個名字，每次經過海關的邊防檢查時都很不方便，因為電腦裏沒有這個字，每次過關都被攔下，要折騰一番才能通過。總理說既然字典有這個字，電腦就應該有，如果是自己造的字，那就不行。沒想到，之後的一次過海關時，居然沒有任何問題，我的名字已經被系統接受。這一件事，讓我肅然起敬。

謁見總理的安排，具備挑戰，不過其中過程是件賞心樂事，雙方會談時沒有媒體在場，可以暢所欲言，讓我獲益不淺，我在中國業務

朱鎔基總理接見滙豐代表團，正握手者為王淯世，後排由左至右為歐智華、鄭海泉、艾爾頓、龐約翰。

前後隨團謁見過兩位總理，七、八次之多，一同拍的照片一直留着，是一種榮耀，也是一種美好的回憶。

　　謁見總理之後，還會有其他事情需要跟進。見總理一般在下午接近六點。因為約早上，有很多不確定因素，説不準。下午接近五、六點，一般大事都已經處理，時間較為鬆動，安排難度沒這麼高。六點見面，七點前可結束。滙豐奉行節約，不僅金錢，時間一樣寶貴。董事長不例外，他一般早上歐洲過來，中午跟我們一起吃三明治，準備下午見總理。會議結束，馬不停蹄直接到機場，趕八點飛機到香港，再接駁午夜飛機回倫敦，分秒不能出差錯。

靠人脈關係完成不可能的任務

　　難度最高在由中南海到北京首都機場的路上，基本上只有半小時左右，如果會議稍有變更，難度更高。我們已經安排開路，爭取破解塞車，開路警隊在前面，警號嗚嗚聲響起，我們坐在車裏，看起來十分風光，其實心中擔憂不已，怕趕不上航班時間；另一邊廂，在機場也做好準備，搭通天地線，能拖就拖，當年幸好沒有甚麼空中管制，不然這一招還不管用。等到把董事長送進機艙，機門關上，才鬆一口氣；看董事長登機後，趕緊跟香港機場通氣，已在路上，千萬要把飛倫敦的航班留住。這裏面的人脈關係，是多年累積，用於一朝而已。

　　會議開完，我是鬆口氣，可是北京行長還要把記錄做好，晚上馬上發送香港及倫敦，等董事長一到埗，立即可以跟倫敦高層溝通。這種會議記錄，不能空泛，也不能長氣；關鍵字是要字字珠璣，抓重點，而且還要把兩人會談之間的個人風格與魅力表達出來，談何易事？這種文件，千古留芳，執筆之人必須要有深厚功力。

　　當年北京李行長是箇中高手，離開機場沒多久，電郵已到，會議記錄完整卻又不繁瑣；簡要卻又沒有錯漏；嚴肅的題目不缺輕鬆對話；輕鬆中，不忘自身立場。不簡單，高人才能寫得出。一個字也改不了，連忙轉送香港及倫敦。好不容易，一年的盛會又順利過關。

　　李行長不僅文采過人，而且經驗豐富，處變不驚，處驚不變。智

商以外，情商亦高，對於突發事件的應變能力相當高。像謁見總理這
種不容有失的任務，不是一般人能夠辦得好。李行長年輕有為，可惜
沒多久，遠赴加拿大定居，真是人才外流。後來換了丁行長，同樣能
幹，而且人脈關係很好，方方面面都能通氣，可謂後繼有人。丁行長
夠義氣，人很勤奮，在北京多年，也很活躍，是滙豐建立關係的關鍵
人物。丁行長是滙豐董事長手下猛將，獵頭族不用多想。

第 39 回　啟動併購進入零售市場

滙豐在中國發展，除了自身的拓展，還考慮與其他金融機構合作，合作的方式包括入股本地銀行，當時入股已得到監管單位的首肯，所以我們一直在做準備工作，物色合適的對象，心目中想選一家規模較小的做試點。

2000 年總代表處成立的晚宴上，與前任市領導談笑甚歡，從三個代表談起，後來講到入股本地銀行的可能性，他表示支持，還介紹一家銀行讓我們考慮，這是一個很難得的機會，之後我們趕緊跟進。這家對象就是 1995 年在上海成立的上海銀行，它的股份包括中資法人股份、上海國有股份、外資股份及其他眾多個人股份，營業方針走大眾路線，服務地方經濟、中小企業和上海廣大居民，一直都享有良好聲譽，創造令人讚賞的社會效應及經濟效益，被視為上海最有活力的銀行之一。

準備這一次破天荒的入股期間，我們一方面要保密，另一方面要監管單位支持與批准，內部又要做盡職調查，我們請了總部策劃部門以陳晉為首的團隊開進上海，加上自己相關的同事，開動調研工作。陳晉是印籍人士，是我多年的好朋友，專門為銀行做收購前的盡職調查。

這是滙豐首次與本地銀行的緊密接觸，雙方文化背景的差異，要深入調研，並非易事。對方的行長已吩咐要全面配合，我在這邊擔任"催化劑"的角色，把關係抓緊，一有任何風吹草動，馬上想辦法把事情擺平。能夠入股一家本地銀行，這是滙豐近百年來的大事，尤其在倫敦總部大力支持與推動下，更加不容有失。

那時候的情況，打個不恰當的比喻，就像本地姑娘忽然有老外男朋友追求，雙方家長特別緊張，一方面想玉成其事，另一方面卻又怕旁人亂說話，不小心壞了事。對滙豐來說，因為不能長期只靠本身拓展業務來增加市場份額，所以這段 "姻緣" 非常重要。跟誰做夥伴，那時候的選擇也不多，雙方都戰戰兢兢，因為雙方都面對同樣的問題。

本地業務要用本地人才

調研的過程給了我不少的啟示。第一，外資銀行基本　　懂本地銀行的運作，在國內還是用海外那套方法來做研究，效果不好，只好出動我自己以及我的團隊從旁解讀某些地方特色，讓調研得以順利展開。第二，只能用本地經理人來管理本地業務，我們必須加大力度招聘本地精英。將來有一天，我們要面對本地市場，必然要有本地人才，才能懂得竅門應付本地客戶要求。我們香港來的外派員面對轉型，要扮演的角色不再是一個 "球員"，而應該是一個 "教練"，把自己的管理技巧傳授給本地人才，外來的管理系統必須與本地的營業手段融合在一起，才是增加競爭力的最有效方法。

第三，講到教練，這家銀行給我一個很好的印象。原來他們的培訓，有不少是要收費的。有一次，他們邀請我去講解外資銀行的運作，我早到了，發現他們到場的同事都要付款才能進場，而且付的全是紅顏色的 100 元。他們的解釋是說這是自己進修的項目，不會把它當作"免費午餐"，理應付費。原來他們有他們的規矩，大家都遵守這些規矩，有規矩的銀行就是好銀行，而且來聽的人對我所講的題目，深表興趣，講完之後，不斷有人提問。不像一般聽完就走，問的問題也夠深度，這就證明人家有一定水準。

我從小事看得出，這次的入股行動肯定會圓滿成功。果然 2001 年 12 月，滙豐與上海銀行簽署合約，完成入股計劃，為外資銀行開創一條新的發展方向。成交價六千多萬美元，佔股 8%，是滙豐的歷史創舉，也為下一步的收購做出鋪墊。

完成這次歷史性的收購之後，滙豐在中國的第一個五年期的發展戰略到了 2002 年，也可算是順利完成了。這第一個的五年發展，可以簡單扼要地總結如下：滙豐銀行在國內已是首屈一指的外資銀行，分行網絡最大，有九家分行及兩家代辦處，業務總是搶到先發優勢，是業內的領頭羊。政府及社區關係牢固，樹立了良好的形象，監管單位公認我們為守法企業。基建項目已逐一完成，人員配置逐步到位，已具有發展基礎，盈利之日可期。入股本地銀行已經實現，正開始洽談另外兩項入股計劃。

2002 年 10 月，滙豐旗下的滙豐保險以六億美元收購平安保險 10% 的股權，當時這個收購價不算便宜。滙豐的想法是想踏足保險業，配合銀行業的快速發展，奠定自身在金融業的地位，在這個前提下，價錢已經不是首要的考慮因素。再者，平安保險在短短十來年迅速成為本地保險業的表表者，有精明的領導層，發展前景無可限量。

2001 年收購上海銀行後攝，背後為浦東當年景象。

　　雖然只是入股 10%，也帶給了雙方一段美好的合作機遇。滙豐的戰略部署與技術支援，給予平安保險更多發展的信心；同時，平安的網絡與客戶，正好補上滙豐在國內發展之不足。雙方如魚得水，合作愉快。後來在 2005 年，滙豐增加投資，在平安的股份增加到 19.9%，已達到外資可投入的上限。滙豐的總投入高達一百四十多億港元，可是換來無限的發展空間，可以說是龐約翰在退休前的傑作。

　　還有另一項入股計劃就是交通銀行。其中一個前因，就是因為成功入股平安，一開始就是 10%，最後還增股到接近 20% 的上限，讓雄心勃勃的滙豐覺得在先前入股上海銀行 8% 不夠意思。而且交通銀行遠較上海銀行來得大，全國龐大的分行網絡更是吸引。滙豐的想法很容易理解，中國市場前景亮麗，各大國際銀行都在搶灘中國。發展自身業務可行，可是不夠快，靠有機增長，可能錯失良機。最好雙管齊下，伺機投入健康的本地銀行，才是上上策。

在這中間，滙豐並非沒有競爭對手，花旗、渣打早就虎視眈眈，甚至已到了"談婚論嫁"的階段，奈何好事多磨，總是在臨門一腳出了問題。滙豐從旁殺入，"一談即合"，滙豐與交通銀行雙方在 2004 年 8 月簽署戰略合作協議，歷史上最大的併購就此面世。對龐約翰來説，可真是雙喜臨門，先是平安，後是交通，兩項入股奠定了滙豐在外資銀行界內的領導地位，可以説是龐約翰以及香港的董事長艾爾敦兩人退休前的得意之作。對滙豐的發展歷史來説，更有重大的意義，是一個鮮明的里程碑。

第二份五年計劃着眼搶灘

講回頭，我在 2002 年的時候，正在準備第二個五年計劃，到了這時候，覺得自己在中國的任務已經完成，前後十年光景在國內拚搏，可以説奉獻了自己的光輝歲月，這時候應該功成身退，另覓出處了。1973 年加入滙豐，匆匆三十年，走過了一段不平凡的路，甜酸苦辣，樂在其中，中國業務也算有所成就，多年努力，算是交出了一份亮麗的成績表。想趁自己身體狀況還好，行動自如，我有離開滙豐銀行之意，去幹一些自己喜歡做的事。管他甚麼事，只要有樂趣，甚麼都可以，總之是想搞搞新意思。跟香港董事長艾爾敦提出離職的想法，他沒有馬上答應，只是説把第二份五年發展戰略做完再談。那不難，只是個時間問題。

第二份五年發展戰略，不能把原來的四項目標維持原有的次序，其中利潤排第四。這一次的規劃必須要把利潤放第一才行，前期鋪墊已經過去，今後是收成的時刻。同時不能單靠自身的有機發展，一定要走併購路線，而且要實行多元化，早日成為一間業務全面的金融機構，而不僅靠銀行作為盈利的手段。

內部也應推行多元化，從香港調派人手已經過時，必須要有國際視野。老外亦沒關係，語言已不成問題，因為內地的外語水準日益提升，溝通不成問題。本地化要加快，準備快速發展的需求。

發展零售銀行業務，是首要重任，專家進駐是必然的事。以前種種是"柴娃娃"（指經驗不足的做法），在當時無可厚非，如今要施展全身功力，搶灘國內市場，就需要有專業人士來處理。高端的銀行理財業務正起步，我們也應加強攻勢，把新推出的卓越理財（Premier Banking）帶到高點，為日後勢必推出的私人銀行業務做好鋪墊。信用卡是兵家必爭之地，理應搶先，要考慮與其他銀行合作，才容易順利打進本地市場。消費金融服務，在老百姓逐漸富裕的過程裏必然有可為，值得引進海外經驗，滙豐在這方面是領頭羊。

林林總總的想法，經過仔細的排列，都放進了新的五年（2002-2007）規劃，送去倫敦審批。這時候，中國加入國際世貿組織正好一週年，已經開放給外資銀行從事人民幣業務的城市，包括 2001 年開放的深圳、上海、大連和天津，2002 年開放的廣州、青島、南京和武漢，將於 2003 年讓外資銀行對內地企業提供人民幣服務，又是一頁新的篇章，讓人振奮。

　　同時倫敦傳來消息，集團即將推出新的五年計劃，把原先 1998 至 2003 年的"增值管理"提升為"增長管理"，與我們在中國的戰略不謀而合。在未來的五年內，如何在新的平台上更上一層樓，是全新的挑戰。

　　對我來說，完成了這一份五年規劃，也是我該從中國舞台謝幕的時候了。要增長的時候自然需要新的領導帶來新思維，新動力。我的前期鋪墊已經完成，應該另覓新的崗位，展開另一頁。果然，很快消息傳來，又給我有新的安排，在服務三十年後，又有新的發展機會，是我的運氣？還是上天的安排？

第八章

風雨無阻中國獨領風騷

滙豐的「三腳凳」發展戰略，

並沒有因為要擴大在中國發展而慢下來。

2006 年，滙豐的全球業務構建已基本完成，

進而推行「增長管理」。

好景不常，面對過分發展的惡性循環，

全球金融危機相繼湧現，滙豐一樣受到衝擊。

浦偉士時代一直沒敢用"環球"這種稱號,他覺得當時的滙豐極其量是一家"國際"銀行,或許這是他那種蘇格蘭的低調作風使然。在 2002 年,滙豐舉起"環球金融,地方智慧"的旗幟,彰顯在全球版圖上尋覓發展空間的決心。

美國業務,甚至包括其他美洲地帶的業務,佔比重一直低於兩成,在"三腳凳"戰略的佈局裏,這一條腿不夠扎實,有需要加大在美國的發展力度,而最有效的辦法就是經過收購兼併。

滙豐斥資一百零三億美元買下利寶集團。此舉一箭雙雕,在東岸增添了四百多家分行,發展商業銀行業務;借利寶原有的高端客戶,同時拓展了在美國的私人銀行業務。這一次收購的結果,把美洲業務的佔比提升到 24%,"三腳凳"逐漸成型。

滙豐又看中了美國消費金融的發展潛力,2003 年收購 Household International,一下子接收了這一家有過百年歷史消費金融機構的五千萬客戶。

面對龐大的市場,滙豐對消費金融的風險掌控有點力不從心,過分依賴對方的人力,產生了同時身兼球員及球證雙重角色的身份危機,給日後的發展危機埋下了伏線。到了 2008 年的金融海嘯,才發現消費金融原來是把"雙刃劍",經濟好,增長快,經濟衰退之際,壞賬湧現一樣快。

2009 年,滙豐宣佈鉅額的集資計劃。不少熱愛滙豐的股民認為滙豐是香港一個重要組成部分,滙豐"亡",則香港"亡",不惜築起"血肉長城",拿出多年積蓄完成滙豐的世紀大供股。

第 40 回　登陸羅省整合私人銀行業務

　　2002 年聖誕節前一天，我離開了上海。遠渡重洋，到美國洛杉磯上任，銀行給我安排的工作落腳美國加州洛杉磯。

　　這時候，滙豐在海外的收購還在進行中，在美國看中了一家 1878 年成立的家庭消費信貸公司 Household International Inc.，其業務有四大類：房貸、保險、信用卡及汽車貸款，分佈美國四十多州共有一千三百間分支機構。滙豐按賬面價值的一點七倍作價，以一百四十八億美元全面收購。這樣一來，滙豐的業務遍及亞洲、歐洲還有美洲，"三腳凳"戰略已經成型，經過連串的全球收購計劃，讓滙豐晉升國際銀行榜首之列。

　　更重要的是龐約翰"增值管理"的改革在 2002 年圓滿結束，他的承諾已實現：五年內股東總回報翻了一番，甚至超越其他主要競爭對手。新的五年計劃跟着出台，強調"增長管理"。對滙豐，對我自己，又是一個新時代的開始。

　　2003 年 1 月，我在比華利山正式上任，是滙豐的西岸業務總裁。

　　我負責的事情大致有三方面。第一，美國及加拿大兩地的亞洲業務。所謂"亞洲業務"，是故意説得含糊些，主要還是以香港及中國大陸為主。我不是主持工作，是負責功能上的管理，是指方向上的指引，並不涉及日常工作的監督。在美國及加拿大，屬於這種業務性質的分行大概有五、六十家，分佈四大區域。美國西岸以三藩市為中心，加拿大西岸溫哥華，加拿大東岸多倫多及美國東岸紐約。

　　第二，在美國西岸的私人銀行業務，客戶是以電影圈內人士為主。這項業務的前身是美國利寶銀行（Republic National Bank of New York），專門做私人銀行，之前是猶太富豪薩法拉擁有，1999 年售予滙豐，利寶在美國的業務及資產併入滙豐旗下，包括紐約的總部大樓和洛杉磯的私人銀行。滙豐也就用了它在比華利山的寫字樓，作為西岸總部，也是我此後兩年的辦公地點。

第三，擔任滙豐北美與中國之間的橋樑，介紹中國發展機會給美國加拿大的客戶，同時也介紹滙豐在北美的銀行服務給國內及香港意欲前往發展的客戶。這項工作涉及不少演講的機會，尤其在美國、加拿大不少人對中國有興趣，但認識不深，都希望有中國經驗的人跟他們講解，我剛從中國卸任，是最合適人選。

比華利山金三角風情是一種系統工程

美國對我來說並不陌生，之前曾經在加拿大溫哥華受訓三年，對美國已有認識，對於當地的風土人情，文化思維早有接觸，唯一要趕緊學習的是如何應對那些影視圈內的私人銀行客戶，他們的銀行服務必然有另類的要求，不能掉以輕心。

辦公室在洛杉磯，更讓人羨慕的是在比華利山，提到比華利山大家自然想到明星、富翁、名牌、跑車、豪宅、游泳池、椰子樹、陽光及美女，的確沒錯，周邊都是，唯一不像屬於這地方的，大概就是我這個來自香港的打工仔。我的辦公室就在比華利山的"金三角"購物區，更是黃金地段的黃金地段，從高空看下來，這購物區正好是一個三角形，大概有五、六條馬路，中間的一條就是世界馳名的羅迪歐大道（Rodeo Drive），幾乎所有名牌都有店舖在這條路上，兩旁是棕櫚樹，路邊停滿了跑車，一看就知道是社會名流、娛樂圈人士出入之地。滙豐在隔壁一條路有一棟樓，不高，只有五層樓，地面層營業，樓上是私人銀行的辦公室，我在四樓，偌大的辦公室外，有陽台閒來可休息，陽光明媚，綠葉隨風飄動，可真寫意。

洛杉磯基本上沒有雨水，全年下雨的日子只有十來天。平常日子，雖然早晚有點寒意，但太陽一上來，陽光普照，中午大概是三十度左右，街上行人穿着隨便，拖鞋短褲的大有其人。如果看到穿上裝，裏面花色恤衫配淺色長褲，開了敞篷跑車經過，很可能就是某位明星，在這裏見到明星的機會，大概是每天一個吧！真正的大明星則是可遇不可求，我有機會見過不少，能夠近距離的視覺接觸，也是一件賞心樂事。見過了也好，把自己的明星夢徹底打破了，自己是沒法比的。這些大明星不僅是在電影上好看，真人是真的長得很帥，沒話說，像 George Clooney，有一趟跟我擦肩而過，真帥！

這種比華利山金三角風格很獨特，其他大城市找不到。用我們的話來說，這是一種"系統工程"，有美麗的環境，加上帥哥美女的襯托，才有這種完美的配搭。上班的心態，很容易理解，除非必要，絕對不能把自己困在寫字桌上，一定要向外跑，就算坐在路邊喝杯咖啡，貴一點就貴一點，那種賞心樂事非筆墨所能形容。

為甚麼滙豐會有這樣的分支機搆？它的風格跟滙豐的傳統很不一

致。沒錯，風格的確有異，不過不是無因，那是滙豐準備擴大私人銀行的舉措，準備把香港及歐洲的私人銀行業務整合，成為一個新的業務板塊。在比華利山的私人銀行，客戶不僅非富即貴，而且多是跟影圈有關，跟客戶見面不容易，不是説在行裏設置 VIP 區域，他們就會出現。基本上客戶不露面，天大面子才有機會在六星酒店的泳池畔，見上幾分鐘。而且經理人從旁護駕，難以久留，有時候慕名想攀談兩句，都被禮貌擋駕。

　　真的要佩服我們的客戶經理，能夠與影圈人士保持良好關係，其中必有學問。這些客戶經理也不簡單，都有自己的身價，是根據市場廣泛認可的 AUM 算出來的。AUM 即是 Asset Under Management，指客戶經理為客戶管理的資產總額，例如三百萬元的存款加上五百萬元股票，合計 AUM 是八百萬元。一般客戶經理有一兩億元 AUM 在手上，可以為銀行創利多少，基本上可以算得出來，從而決定客戶經理的身價，計算年薪與花紅。客戶經理離職時，一般情況下客戶都會跟着走，換言之，客戶跟經理而不跟銀行，所以只要有 AUM 在手，不愁沒有工作。

一杯咖啡的大學問

　　影藝圈的私人銀行業務獨具一格，相信這種經驗在國內，港、台大有可為，有機會沾上邊，將來肯定用得着。

　　記得第一個星期上班，手裏拿着一杯星巴克，洋洋自得回到辦公室。沒想到，沒多久我的助理進來，很客氣的語調告訴我，最好不要喝星巴克，就算喝也不要用星巴克的杯子，她說等一回帶我去喝"好咖啡"。我心想，星巴克還不算好？我這位助理很客氣，帶着我走幾步到了一家專賣咖啡的小店，買咖啡的人龍排到店外。咖啡味道可真香，種類也多，不知道選甚麼好？只好隨便點"當日精選"。她說不好，那是給沒有品味的人喝的，她仔細問我的口味，其實我也沒有甚麼口味，只得胡扯幾句，然後她幫我點了甚麼蘇門答臘的好東西，價錢一看要八塊五毛，她一看我眼珠在轉，便知道我是在折算價錢，連忙說這是小意思，她來付款，兩杯咖啡，放下二十美元就走。

回程路上，她笑着說，路上人多，大家都知道我是滙豐私人銀行的總裁，怎麼能拿着星巴克咖啡，要拿就要拿我手上那種，別人便知道這個人有品味。心想，舉一反三，不只咖啡，開甚麼車，穿甚麼衣服，都要有講究，在這裏做私人銀行真不一樣。

這位助理以前在東岸工作，在白宮前副總統奎爾辦公室擔任助理，為人很有講究，尤其是講話用字，真恰當，一個字不多，一個字不少。辦公室裏全是與白宮大人物的照片，還有親筆簽字，真不簡單。

在比華利山才能感受到美國人的"富裕"，錢賺得多不緊張，多花點就多花點，到時候有花紅，花也花不完，這是一種現象，也是一種問題。當然過幾年之後，出了金融危機，其中一個問題就是因為花錢太多，市場流動性太強，製造的泡沫終於爆破。

滙豐後勤總部在水牛城是當地最大僱主

在美國工作，三天兩天就出一次門，經常要從東岸飛到西岸，即使在西岸也得南北飛，動不動就要飛，絕對不是一件樂事。對我來說，一般是西岸到東岸，一程就是六小時。加上時差，東岸快三小時，早上九點鐘從西岸開的航班，到東岸最快也要下午六點多。等於一整天都用在路上，很不划算。路面交通的時間，還不計算在內，飛東岸一個來回，體力支出也不少。經常出門，但求出入平安。9.11 之後，每次飛往紐約時，都會特別關注別人的一舉一動，深怕有恐怖分子同機；雖然心中總有陰影，奈何經常要飛紐約和水牛城與總部開會。

有不少人以為滙豐的總部在紐約，其實不然。雖然在紐約第五街有棟滙豐大樓，看來像總部，其實那棟樓主要是業務單位，做生意在紐約是順理成章的事。雖然有點讓人費解，但滙豐的總部其實是在水牛城，因為滙豐當年收購當地排名第六、七的海豐銀行總部就在水牛城，滙豐收購海豐之後，並沒有搬走，就用了那棟樓作為總部。滙豐在水牛城，地位一枝獨秀，有自己的大樓，頂樓的滙豐標誌掛得高高的，老遠都可以看得見。另外還有滙豐體育館，在冬季有美國職業冰上曲棍球比賽，可能是市內唯一的娛樂。

水牛城在加拿大與美國邊界上，接近加拿大的尼亞加拉大瀑布。水牛城當年是美國鋼鐵業中心之一，有好幾家重工業落戶水牛城，加上水牛城位於伊利湖及安大略湖中間，水運發達，貨物轉口的重要口岸，由邊境貿易帶動經濟發展。後來鋼鐵業式微，加上水運逐漸失去競爭力，水牛城重要性大減，人口亦迅速下降，原有一百萬人，到 2000 年只剩下三十萬左右，到了這個時候，滙豐的後勤部門在水牛城肯定是當地最大僱主。

第41回 進軍美國消費金融市場

　　來了美國一段時間，開始喜歡美國人，喜歡他們那種公私分明的生活方式。上班時一本正經，做事有分寸，該做甚麼做甚麼。下班後，是他們自由時間，馬上另一個樣。真有如演藝人，台上一個樣，台下一個樣。

　　我們辦公室內的同事做起事來認真，守規矩，功夫交得準；對人真誠，有話直説，態度和善。不過下班後就會換成另一副輕鬆面孔，有的開車回家，跟孩子一起玩，跟鄰居燒烤、唱唱歌、跳跳舞；有的去酒吧喝酒，跟朋友聊天、天南地北、起起哄；有的趕去看電影，買杯大杯汽水，一大包爆穀，吃個不停。

　　下班後，沒有一句公事，這一點跟我們不同。我們日夜不分，全是公事，搞甚麼項目，怎麼走關係，如何做誰誰誰的工作，把項目搞成，又可以賺多少錢，全變為工作的奴隸、賺錢的工具。看電影？沒空。喝杯酒？也不行。燒烤？無聊。我們以為賺錢是人生唯一的目的，把自己埋在金錢堆中才是最高的享受。

　　有時候，我們"看不起"美國人，説他們亂花錢，今朝有酒今朝醉，只顧今天，不顧明天，不像我們，懂得節儉。不敢説誰對誰錯，其實這是不同的生活態度，我們生活在明天，他們生活在今天。當然也有不少人生活在昨天，總是記住昨天有甚麼不好，把自己困在昨天那個無形的枷鎖裏面。

　　生活在今天的心態，在消費行為最容易體現出來。想花的錢，今天就花掉。反正有信用卡，額度夠的話，用了再説，發工資時再還；

這張卡不夠，還有另外一張；再不夠，想辦法申請另一張，手續很簡單。由於信用卡的普及，造成消費意慾的膨脹，刺激更多消費品的湧現，讓消費者消費更多，進而更加深了對信用卡的依賴，消費行為不斷膨脹，但是消費者的還款能力並沒有加大，等於説，所謂＂消費＂的膨脹其實只是一種泡沫現象。

消費的迅速增長，給金融業帶來契機，提供各種不同的金融服務，利息高，而風險分散，的確是大好商機。滙豐看準這個蓬勃的市場，在美國物色收購對象，2002 年底跟消費金融的泰斗 Household International Inc. 開始洽談，到 2003 年 3 月完成合併。當時滙豐以換股方式，以 2.67 股滙豐控股的股票換對方 1 股，價錢含溢價 35%，總交易額涉及近一百五十億美元，在美國金融界掀起不少浪花。交易完成後，易名為滙豐融資。

滙豐一直想進入美國的消費金融市場，而對方提供的機會是一個現成的平台，在歐美的客戶有五千萬名，管理資產超過一千億美元，業務包括信用卡、汽車貸款、物業按揭和保險。這個組合還可以有互補作用，因為滙豐環球有剩餘資金，而消費金融的業務需要資金，合併後，滙豐融資的融資成本大大減低，營業利潤立即會有增長，效益立竿見影。

同時雙方的運營工作也有整合空間，其中之一就是合併後滙豐融資的後勤處理中心，轉用滙豐在印度的處理中心。如果有客戶在美國致電在芝加哥的滙豐融資，電話會直接轉到印度的後勤處理中心，那邊的接線生便開始處理問題，接線生甚至還能立即告訴從美國打來電話的客戶，他的所在地的天氣情況，就好像接線生身處在客戶的附近一樣。由此看來，這次的收購應該帶來雙贏局面。

消費金融與傳統銀行業務截然不同

　　當時我在美國，目睹這次收購的過程，同時有幸參加某些滙豐融資的內部會議，他們的會議規模可真不簡單，起碼五、六百人，一般都在滙豐融資的總部芝加哥召開。他們的老大工資特別高，在滙豐的圈子內引來不少意見，不過他在這一行內是少數的專業人士之一，待遇高無可厚非。後來換了新老總，不過把關功夫不高，品質追不上增量，終於在 2008 年金融危機來到的時候，帶來了巨額壞賬，影響滙豐股價。

　　參加過滙豐融資的會議後有兩點感覺。第一，消費金融與傳統銀行業務截然不同，前者講交易，後者講關係。做消費金融全是短線行為，借錢給你，不還就把房子封掉，沒有人情可講。第二，他們人馬太多，企業文化完全不一樣，要走在一起，短期勉強，長線肯定有摩擦。兩者放在一起，如同獅子跟老虎在一起，一則合不來，二則還可能會打起來。最大的隱憂，其實還在於他們部分客戶的信貸品質較低，風險較高。經濟好的時候不成問題，但經濟變壞的時候，壞賬上得快，要特別小心。

　　2004 年中，雙方的整合大致完成，可是已經看到了房地產的泡沫正在逐漸成型，這時候，如果來個剎車，或許之後的損失會減少一點。奈何正值人事變動，新人求表現，繼續擴張業務，吸納更多次級債務，為日後的大問題埋下了伏線。結果在 2008 年美國爆發金融危機的時候，面對壞賬增長，成為尾大不掉的局面。相信這要花相當長的時間，才能完全走出低谷，其他的金融機構也不會好到哪裏去，新的週期還有一段很長的路才會來到。

第 42 回　非典後中國的發展機會

　　2003 年非典（SARS）全面爆發，中國首當其衝，尤其是北京，疫情嚴重，我在洛杉磯只能靜心關注發展，心中極不舒服，眼看事態惡化，而又無法避免。生死間原來只有一線之隔，今天是護理人員，為病人打理病情，明天自己受感染，變成新的病人，甚至乎失去生命。這種事情，在國外聽到時特別不舒服，心裏想的是自己的親友如今如何？想回國是自己第一個想法。SARS 之後，肯定要有重建計劃，各行各業，尤其是金融必然要用人，可以讓我發揮過去做項目的經驗，參加重建。

　　屈指一算，在滙豐工作已經三十二年，超越了當年對自己的承諾：工作三十年便離開，另覓發展機會。想要回國的這種心理日漸強烈，報紙上對災情的報道更加給了我更多的鼓勵。2003 年 7 月，北京傳來消息，邀請加州商界代表回國參觀考察 SARS 之後的發展機會，我不假思索報了名，雖然表面上 SARS 疫情已經減弱，世衛組織於 6 月 24 日將中國大陸從疫區除名，其實大家都抱着災後重生，猶有餘悸的心情，隨團到廣州及北京考察時，看見的市面情況還是很冷清，有種元氣大傷的感覺。這個考察團有一百個商界的朋友，大家對中國市場的前景表示樂觀，大多都認為當時入市可能是最好的時機。回到美國，不少人很快便做出商業報告，準備盡快開進中國市場。

　　對我來説，更加希望立即投身這一股洪流，不過滙豐在美國的發展也是如火如荼，私人銀行及亞洲業務都是從低拾級而上，如果馬上買棹歸航似乎未盡責任，最好的辦法是給銀行提出一個離任的通知期，而且長達一年，説好一年後離開滙豐，回國另謀發展機會。有了歸期，心情輕鬆得多，該做的事盡快做妥。例如，滙豐西岸的發展計劃抓緊做好，但是收購計劃看來機會不大，而且跟滙豐傳統業務有很不一致的發展方向，於是趕緊收桿，把資源投到業務上去。

　　滙豐在 1998 年出台的增值管理（Managing for Value），五年後的 2003 年圓滿完成，股東回報果然在五年內翻一番。本來由於非典肆虐，整體經濟在 2003 年並非理想，銀行一般也都受到了影響，幸好滙豐有收購帶來的效益，五年的增值管理，總算交出一張令人滿意的成績表。

　　在 2004 年的股東大會上，龐約翰提出了新的五年計劃，增值管理提升為增長管理。滙豐很明顯準備在新興市場開闢新戰場，追求增長空間。中國業務更受重視，不在話下。

　　這時候，各業務線條很明確。傳統的公司業務，再細分為大企業和中小企業。大企業沿用原有的名字，還是叫做 Corporate & Institutional Banking（CIB），包括跨國界、跨行業的超大企業以及其他金融機構。中小企業分為兩塊，有新的名字，分別叫做 Commercial Banking 與 Business Banking，後者是一塊兵家必搶之地，滙豐希望在這個板塊佔一個重要席位，因此把它從大企業分出來，希望以靈活到位的手法，搶佔市場份額。

　　這時候的滙豐，基本上是邁上專業的分工，主管要的是對業務線有專業資格的人士，不像以前，有像我這樣的"通才"。滙豐的同事都能感覺到大環境的變化，起碼面對很多可量化的指標，大家談話中不忘自己要"交數"，你"有數"，我又"有數"，老闆也"有數"，"數"就是要完成的指標，上上下下都有任務額要完成，每個人都變成"追數"一族。

　　新的董事長上場之後，把增長管理接過手，可是 2006 年的增長並不如理想，增長幅度落後於恒生指數，比起同業也有所不如。2007 年甚至有盈利預警，屬百年來罕有情況，主要的原因是在美國的投資失利，滙豐要為美國市場的按揭業務做出大量的壞賬撥備。

增值與增長的先後次序

　　一般的情況我們當然會説增值管理應該放在增長管理之後，就像廿一世紀初的中國銀行業，在高速增長後，應該考慮增值，採取"有所為，有所不為"的戰略。當年滙豐的次序剛好反過來，在增值之後，開始追求增長，如果碰上經濟週期的逆轉，豈不是戰略失誤？

　　幸好，2007 年新董事長葛霖交出他上任後的第一份業績報告，盈利仍創新高，達一百五十多億美元。雖然如此，美國市場有倒退現象，壞賬撥備的上升，就是一個明顯的隱憂。葛霖預測亞洲市場在未來十年，將會為滙豐集團帶來接近 45% 的利潤。中國市場的崛起，在未來的十年肯定是不容置疑的。只是在這個瞬息萬變的市場環境，滙豐能否把握機會，在已搭建好的平台上，爭取提升業績到一個新的高度，將會是一個重大的考驗。

　　以前滙豐人都緊記在心的蘇格蘭銀行原則，現在已經被系統化的
"核心經營原則"所取代。"核心經營原則"共有五條：優良的服務；
高效的運作；充足的資本（與流動性）；審慎的貸款；嚴控的成本。基
本的道理跟以前的蘇格蘭原則大同小異，沒有多大的差別。

　　所不同的，是把我們心中應有的紀律，加以形式化、教條化。紀
律放在牆上，放在書裏，就不是好的紀律。紀律要在心裏，要自律才
是好的紀律。把無形的自律變為有形的紀律，恐怕這會是開倒車的做
法。

　　離開滙豐後，想趁自己"年紀尚輕"，做些自己一直想做的事。沒
想到，悠閒的生活很短暫。2005 年底，國內有家銀行試行招聘香港人
擔任行長，我在被考慮之列。原來是以北京為總行的中國民生銀行，
需要一個新行長，任期三年。最好能有國際視野加上本土銀行管理經
驗，加上堅忍的態度與良好的人際關係，能夠應付崗位面對的複雜性
和不確定因素。我過去那張履歷表，讓人覺得有足夠的國際經驗，在
市場裏的口碑也算不錯，當然，我相信滙豐總有人為我説過好話。終
於落實，我於 2006 年中上任，成為第一個香港華人出任國內銀行的
行長。

　　我也希望藉此機會，把過去積累的管理經驗，適當的運用在新崗
位上。滙豐的規章制度，有不少可取之道。起碼它的蘇格蘭原則，涉
及不少做銀行，甚至做人的道理，值得學習。

離開之後從另一個角度看的滙豐銀行

身在民生銀行，用的基本上都是在滙豐工作時的經驗，但站在滙豐的外面，好像又對滙豐增加了更多的了解。離開滙豐後，滙豐斷斷續續與我仍有接觸，尤其在民生銀行準備在香港上市的那段時間。銀行上市是一樁大生意，當然誰都想分一杯羹。站在民生銀行的立場很簡單，條件好的投資銀行優先。過去的關係只能作為一種參考，不影響決定。在國內，跑關係需要各層面的人馬，為達目的，前仆後繼不斷地來做工作。對客戶來說，最重要在於你能為我做甚麼，是別人做不到的，而不是你能做甚麼。在這個過程中，我總覺得其他上門叩關的投行，比起滙豐來得有更多一點的誠意。

除了這一次上市安排之外，與滙豐也有不少其他的合作空間。其實金融產品大同小異，要分辨其中差異不容易。很多時候，在國內講究差異化，講的是服務的差異化，而不應該是產品的差異化。所以，金融產品的銷售，雖然賣的是產品，但在人與人的接觸過程中，應該關心的是"人與人"之間的事情，而不是講究"人到人"之間的事情。用英語來表達或者比較容易理解，"人到人"是 People to People，而"人與人"是 People with People，兩者之間有點微妙的區別。滙豐上門的同事就有點缺乏了這一種凝聚力，以前在滙豐的我或許也是一樣，不過自己無從察覺而已。或者這就是坐在桌子的"另一邊"看人，跟坐在桌子"同一邊"看人，就完全不一樣。

　　2007 年之前，滙豐在中國一直是一家分支機構的體制，分管的總部在香港。其他的外資銀行也不例外，都是採取離岸的管理模式。

　　根據中國加入世界貿易組織的承諾，在 2006 年底取消外資銀行經營人民幣業務的地域限制，另外將他們在中國境內分行改制成為外資法人銀行，並向外資法人銀行開放中國境內公民人民幣業務。

　　業務開放的要點有三：第一，取消外資銀行經營人民幣業務的地域限制，從 2006 年 12 月 11 日起，獲准的外資銀行可以在全國範圍提供人民幣服務。第二，接受外資銀行遞交改制為外資法人銀行的申請。第三，外資法人銀行的下設分行，經其總行授權並經所在地銀監局驗收合格後，可以向中國境內公民提供人民幣服務。

　　這樣一來，外資銀行正式與本地銀行 "平起平坐"，全面享受 "國民待遇"。而且，在國家的層面，外資銀行都是獨立的法人銀行，不再以分行身份依附海外的總行，不像滙豐在 2000 年的時候，只能設立總代表處，沒有明確的管理功能。如今在華的外資法人銀行，有董事長及 CEO，管理功能直接到位，比以前有效。這是中國金融改革開放歷程中一個重要的里程碑。

　　滙豐自然一馬當先，申請成為外資法人銀行。相信是中國這個潛力最大的市場給滙豐提供了展示 "增長管理" 的空間，一時間看到滙豐在分行網絡上大展拳腳，一家家支行隨着市場需要，陸續開業。

第 43 回 重新部署的關鍵時刻

2008 年 9 月 15 日，美國雷曼兄弟宣佈破產，揭開了金融風暴的序幕。由銀行業到企業，全面受到波及，華爾街股市急速下滑，一時間人心惶惶。10 月初我正巧在美國華盛頓開會，各銀行一致口吻，金融海嘯正向我們衝過來，無人能夠倖免。

由於銀行的貪婪，追求短期利益，內部監管失控。加上外部監管不濟，任由"有毒"產品蔓延。同時，市場流動性充沛，加速了問題的急速擴大，不可收拾。

滙豐的董事長葛霖也在會場，並無焦急的樣子，讓人看上去有點放心，相信滙豐在優良的管理下，應該影響不大。這當然是我很片面的觀察，倒也是心底裏希望見到的表情。當時滙豐的股價算是很硬朗，人家跌，它站得很穩。

沒想到，沒多久滙豐宣佈"世紀大集資"，以補充資本，因為在美國的壞賬撥備數字驚人。每五股供兩股，每股供港幣二十八元，每手四百股要供四千五百元。這不是一個小數目，大家都有點措手不及。

滙豐的股票幾乎每個香港成年人都會有一些，因為滙豐幾乎就是香港的代名詞。香港好，滙豐好；反之，滙豐好，香港好。大家都不想香港不好，所以都不想滙豐不好。可是要供股，要一大筆資金，從哪裏來？不供，對銀行不好，對香港也不好，真是難以取捨的決定。

當時有位電視台的評論員，講起滙豐的情況，忍不住落淚。我在想，不知道滙豐的高層知道這事之後可有甚麼感覺？有沒有感覺到香港普羅股民對滙豐的關愛？也許沒有這個必要，這是一種商業決定，要供就供，不想供就不供。可以把事情看得很公式化，一加一等於二，不用想到股民對銀行有甚麼期盼，對銀行的前途有甚麼憧憬。結果超過 98% 的股民供股，暫時解決了滙豐資金的問題。這不是可以用錢來衡量的，這是一種情感的累積，才能對滙豐有如此的忠誠與支持。

相信這是一百多年來，滙豐第一次讓股民有疑慮的時刻。過去的日子，大家把滙豐看為自己心愛的寵物，有人叫它"大笨象"，因為它股價跑不起來，不過買了有安全感。有人叫它"獅子"，因為總行門口那對獅子，威武有神，大有與香港共存亡的氣概。不管怎樣，不少人一有錢就會用來買滙豐股票，都是想買個安心。忽然間，銀行說資本不夠，要向股民集資，讓大家不由得不皺起眉頭，到底發生了甚麼問題呢？

一介小股民難以了解實情，就算過去是高管，也不一定能夠掌握全局。只是覺得，在這個時候，應該是最好的機會來部署如何收拾"舊山河"，重新樹立一個讓股民信賴的形象，繼續支持滙豐。這是一個品牌的危機，需要萬分小心處理。

2010 年 1 月，滙豐總部的集團 CEO 回歸香港，希望近距離整合業務，在亞太區，尤其中國這些新興市場，搶佔先機。股民當然會有所期盼，希望能扭轉乾坤，交出亮麗的成績表。股民想看到的，不是一個又一個的問號，而是讓大家高興的感歎號。

不但是持有滙豐股票的股民，相信大部分在香港的居民，一直把滙豐看作香港的銀行，是銀行界的代表，也是一種心理的支柱。大家都希望滙豐平穩、健康發展，繼續作為穩定香港的基石。

後 記

　　差不多一口氣寫完這一本有十多萬字的"歷史書"，大部分是根據我個人過去在滙豐的經歷，一個個小故事來勾畫出滙豐近四十年發展的輪廓。更重要的是想讓讀者從各個小故事中，感覺到滙豐的內涵。在今天，大家都在議論紛紛之際，到底香港與上海這兩個城市之間的關係應該是相互競爭，還是優勢互補？沒想到滙豐銀行從 1865 年，接近一百五十年前就開始兩地並重的發展歷程，同時更有意思的是把香港上海兩地都放進銀行的名字裏面，把自己叫做香港上海滙豐銀行。

　　一方面我們要讚賞當年管理層的遠見，能夠看得這麼準確，一百多年後的今天，兩個城市各放異彩。另一方面我們也應該感受滙豐那種不忘本的精神，從香港、上海起家，當時的核心業務就是方便世界各地的華僑匯款回家，所以叫做"滙豐"，匯款豐富的意思。中國內地就是華僑的家，而滙豐就在家裏為廣大的華僑作貢獻。有人說滙豐今天作為國際銀行當之無愧，因為分支機構遍佈歐、美、亞三大洲八十多國。也有人說滙豐是典型的亞洲銀行，因為在亞洲二十個國家及地區設有廣大的分行網絡。我說，滙豐其實是為中國人而開的銀行，在香港、上海扎根，滙豐的文化跟中國的傳統文化一脈相承。

　　記得前任集團董事長浦偉士說過，滙豐要做一個有性格的銀行。這種性格是獨有的，讓客戶信賴，讓對手仰慕，讓自己驕傲，讓監管放心。當然浦偉士董事長也是一個很有性格的領導人，相信跟他工作過的同事都會同意，他對滙豐近代的發展有承先啟後的功勞。另一位董事長也說過，滙豐在各種監管環境下，都要保持黑白分明的態度，不容許在灰色地帶尋求商業利益。其他幾任董事長的思維與行為，同樣充分展示滙豐內在的基因，從本書中講到的＂蘇格蘭銀行原則＂，便可看出這些基因的可貴。

從 1865 年創建以來，滙豐不斷面對經濟起伏週期的衝擊，就是因為堅韌、堅忍的態度，堅定、堅持的管理原則，往往化危為機，從而攀上更高的台階。雖然滙豐一直被視為英資，其實股東遍佈全球，根本無法說清楚到底哪一國的股東佔股比例最大。其實這一點並不重要，因為滙豐骨子裏的蘇格蘭文化，早已融入中國的人文精神。滙豐的謙虛、節約、耐勞、守信、可靠、念舊、友善、堅韌和堅持，在滙豐的企業文化中不斷地得到展示。

滙豐在香港和上海一般老百姓心目中，具備特殊地位。接近一百五十年的歷史，滙豐與香港、上海建立牢不可破的關係，不是一般銀行可以輕易做得到。我有幸在 70 年代加入滙豐，從低做起，一步一個腳印走過來。我是一個幸運者，在過去接近四十年的時光裏，讓我從外面到裏面，再從裏面返回外面，點點滴滴的生活片斷讓我充分享受滙豐那種濃厚的精神文明。同時亦讓我看到滙豐從香港走出去，邁上國際化的路途，發展過程中也讓本地員工得到提升的空間。今天這本書，只能覆蓋其中一小部分，希望拋磚引玉，有更多朋友把他們所認識的滙豐，從不同的角度帶給大家。

藉此機會，誠意地獻上對滙豐、香港及上海最美好的祝福。

商務印書館  讀者回饋咭

　　請詳細填寫下列各項資料，傳真至 2565 1113，以便寄上本館門市優惠券，憑券前往商務印書館本港各大門市購書，可獲折扣優惠。

所購本館出版之書籍：＿＿＿＿＿＿＿＿＿＿＿＿＿＿＿＿＿＿＿＿＿＿

購書地點：＿＿＿＿＿＿＿＿＿＿＿＿ 姓名：＿＿＿＿＿＿＿＿＿＿＿＿＿

通訊地址：＿＿＿＿＿＿＿＿＿＿＿＿＿＿＿＿＿＿＿＿＿＿＿＿＿＿＿＿

電話：＿＿＿＿＿＿＿＿＿＿＿＿＿ 傳真：＿＿＿＿＿＿＿＿＿＿＿＿＿＿

電郵：＿＿＿＿＿＿＿＿＿＿＿＿＿＿＿＿＿＿＿＿＿＿＿＿＿＿＿＿＿＿＿

您是否想透過電郵或傳真收到商務新書資訊？　1□是　2□否

性別：1□男　2□女

出生年份：＿＿＿＿＿＿年

學歷：1□小學或以下　2□中學　3□預科　4□大專　5□研究院

每月家庭總收入：1□HK$6,000以下　2□HK$6,000-9,999
　　　　　　　　3□HK$10,000-14,999　4□HK$15,000-24,999
　　　　　　　　5□HK$25,000-34,999　6□HK$35,000或以上

子女人數(只適用於有子女人士)　1□1-2個　2□3-4個　3□5個以上

子女年齡(可多於一個選擇)　1□12歲以下　2□12-17歲　3□18歲以上

職業：1□僱主　2□經理級　3□專業人士　4□白領　5□藍領　6□教師　7□學生
　　　8□主婦　9□其他

最常前往的書店：＿＿＿＿＿＿＿＿＿＿＿＿＿＿＿＿＿＿＿＿＿＿＿＿＿

每月往書店次數：1□1次或以下　2□2-4次　3□5-7次　4□8次或以上

每月購書量：1□1本或以下　2□2-4本　3□5-7本　4□8本或以上

每月購書消費：1□HK$50以下　2□HK$50-199　3□HK$200-499　4□HK$500-999
　　　　　　　5□HK$1,000或以上

您從哪裏得知本書：1□書店　2□報章或雜誌廣告　3□電台　4□電視　5□書評/書介
　　　　　　　　　6□親友介紹　7□商務文化網站　8□其他(請註明：＿＿＿＿＿＿＿)

您對本書內容的意見：＿＿＿＿＿＿＿＿＿＿＿＿＿＿＿＿＿＿＿＿＿＿＿＿
＿＿＿＿＿＿＿＿＿＿＿＿＿＿＿＿＿＿＿＿＿＿＿＿＿＿＿＿＿＿＿＿＿＿

您有否進行過網上購書？　1□有 2□否

您有否瀏覽過商務出版網(網址：http://www.commercialpress.com.hk)？1□有　2□否

您希望本公司能加強出版的書籍：1□辭書　2□外語書籍　3□文學/語言　4□歷史文化
　　　　5□自然科學　6□社會科學　7□醫學衛生　8□財經書籍　9□管理書籍
　　　　10□兒童書籍　11□流行書　12□其他(請註明：＿＿＿＿＿＿＿＿＿＿＿)

根據個人資料「私隱」條例，讀者有權查閱及更改其個人資料。讀者如須查閱或更改其個人資料，請來函本館，信封上請註明「讀者回饋咭-更改個人資料」

請貼
郵票

香港筲箕灣
耀興道 3 號
東滙廣場 8 樓
商務印書館 (香港) 有限公司
顧客服務部收